"十二五"辽宁省重点图书出版规划项目

九江学院会计学院学术文库资助项目

三友会计论丛 SUNYO ACADEMIC SERIES IN ACCOUNTING

第14辑

高管激励与外部审计需求

基于中国证券市场的研究

段春明●著

EXECUTIVE INCENTIVE AND DEMAND OF EXTERNAL AUDIT

A Study Based on Chinese Securities Market

东北财经大学出版社 大连
Dongbei University of Finance & Economics Press

图书在版编目（CIP）数据

高管激励与外部审计需求：基于中国证券市场的研究／段春明著．—大连：东北财经大学出版社，2013.12
（三友会计论丛·第14辑）
ISBN 978-7-5654-1368-1

Ⅰ．高…　Ⅱ．段…　Ⅲ．①企业-管理人员-激励-研究-中国 ②企业-外部审计-研究　Ⅳ．①F272.92 ②F239.4

中国版本图书馆CIP数据核字（2013）第263570号

东北财经大学出版社出版
（大连市黑石礁尖山街217号　邮政编码　116025）
教学支持：（0411）84710309
营 销 部：（0411）84710711
总 编 室：（0411）84710523
网　　址：http://www.dufep.cn
读者信箱：dufep@dufe.edu.cn

大连图腾彩色印刷有限公司印刷　　东北财经大学出版社发行

幅面尺寸：148mm×210mm　　字数：176千字　　印张：7 1/4
2013年12月第1版　　2013年12月第1次印刷

责任编辑：石真珍　　责任校对：那　欣
封面设计：冀贵收　　版式设计：钟福建

ISBN 978-7-5654-1368-1
定价：28.00元

出版者的话

随着我国以社会主义市场经济体制为取向的会计改革与发展的不断深入，会计基础理论研究的薄弱和滞后已经产生了越来越明显的“瓶颈”效应。这对于广大会计研究人员而言，既是严峻的挑战，又是难得的机遇。说它是“挑战”，主要是强调相关理论研究的紧迫性和艰巨性，因为许多实践问题急需相应的理论指导，而这些实践和理论在我国又都是新生的，没有现成的经验和理论可资借鉴；说它是“机遇”，主要是强调在经济体制转轨的特定时期，往往最有可能出现“百花齐放，百家争鸣”的昌明景象，步入“名家辈出，名作纷呈”的理论研究繁荣期和活跃期。

迎接“挑战”，抓住“机遇”，是每一个中国会计改革与发展的参与者和支持者义不容辞的责任。为此，我们与中国会计学会财务成本分会、东北财经大学会计学院联合创办了一个非营利的学术研究机构——三友会计研究所，力求实现学术团体、教学单位、出版机构三方的优势互补，密切联系老、中、青三代会计工作者，发挥理论界、实务界、教育界三方面的积极性，致力于会计、财务、审计三个领域的科学研究和专业服务，以期为我国的会计改革与发展作出应有的贡献。

三友会计研究所的重大行动之一就是设立了“三友会计著作基金”，用于资助出版“三友会计论丛”。它旨在荟萃名人力作及新人佳作，传播会计、财务、审计研究与实践的最新成果与动态。自 1997 年起，本论丛定期遴选并分辑推出。

采取这种多方联合、协同运作的方法，如此大规模地遴选、出版会计著作，在国内尚属首次，其艰难程度不言而喻。为此，我们殷切地希望广大会计界同仁给予热情支持和扶助，无论作为作者、读者，还是作为评论者、建议者，您的付出都将激励我们把“三友会计论丛”的出版工作坚持下去，越做越好！

东北财经大学出版社

三友会计论丛编审委员会

目录

1 导论

1.1 研究背景和研究问题

管理者激励是现代企业解决代理问题、促进企业发展的重要机制，也是实务界和理论界一直关注的热点。自20世纪90年代以来，世界各国的企业中管理者激励数量和方式不断增多，对增加企业价值、推动世界经济增长起到了积极作用。然而，伴随着管理者激励不断增多的同时，不少公司的价值却在毁灭，如在安然公司崩溃前的3年里，其首席执行官杰弗·斯基林从股票期权获得的收益是1.12亿美元，泰科CEO丹尼斯·柯兹洛斯基出事前的3年里进账2.4亿美元①，中国证券市场上科龙公司高管的“天价”年薪也没能阻止“顾雏军事件”的出现，金融危机中高管们高额的薪酬受到质疑。管理者激励可追溯到Berle and Means（1932）在其经典论著《现代公司与私有财产》中所描述的股权高度分散、所有权和经营权高度分离为特征的企业。在股权高度分散或两权高度分离的情况下，管理者实质上享有企业控制权，公司面临的突出问题就是全体股东与管理者的利益冲突，由于信息不对称和未来的不确定性存在，公司管理者存在机会主义行为，采取各种方式剥夺股东利益（Jensen，1986；Shleifer and Vishny，1989，1997）。Jensen和Meckling（1976）提出了代理成

① 尹铭. 降薪危机［J］. 经理人，2005（2）.

本的概念，揭示了在所有权和控制权分离情况下管理者机会主义产生的代理问题，并认为对管理者实行激励可以缓解这种代理问题，使股东和管理者利益趋于一致，降低代理成本，提升公司绩效。不过管理者激励对企业价值或业绩的影响，国内外学者已进行大量研究，研究结论并不一致（Mock，1988；Jensen and Murphy，1990；Madura et al.，1996；魏刚，2000；张俊瑞等，2003；黄之俊，2006；杜兴强和王丽华，2007）。早期学者们用"最优契约观"（optimal contract approach）解释管理者激励，认为通过设计管理者报酬计划，可以激励管理者最大化公司价值（Murphy，1999；Core et al.，2001）。而管理者激励的"管理者权力观"（managerial power approach）则认为管理者报酬不仅是解决代理问题的一个潜在手段，其本身也有可能是代理问题的一部分，报酬激励安排可能反映了管理者的"寻租行为"（Bertrand and Mullainathan，2001；Bebchuk and Fried，2003）。而在我国，有学者认为管理者激励对企业绩效影响不明显的原因是存在严重的经营者激励不足问题（魏刚，2000）。

现代企业理论把企业看成一系列合约的联合体，各合约人之间又存在着利害冲突。作为公司外部监督和担保机制，高质量审计可以缓解企业代理问题（Jensen and Meckling，1976；Watts and Zimmerman，1983）。在世界范围内的几次公司治理浪潮中，外部审计[①]受到普遍关注，并已成为当今公司治理体系中不可或缺的角色。审计合约是企业一系列合约的一部分，在一个有效的、以企业价值最大化为目标的公司治理机制中，当管理者激励引起管理者行为和公司代理冲突的变化时，就应引起审计合约的变化。西方多位学者已进行过涉及管理者激励与外部审计之间关系的研究，如

① 本书中的审计、外部审计、独立审计、注册会计师审计都是同一个概念，为了表述的方便，使用了不同的词语。

Chow（1982）、Eichenseher and Shields（1986）、Simunic and Stein（1987）、DeFond（1992）、O'Sullivan（2000）、Gul and Tsui（2001）、Gul，Chen and Tsui（2003）、Lennox（2005）等的研究[①]，但这些研究都是基于西方一些国家股权高度分散的公司，在这些股权高度分散的公司中，代理冲突主要是外部股东与管理者之间的代理冲突。在我国，上市公司股权高度或相对集中，与西方国家股权激励为主不同，现金激励报酬是其管理者激励的主要方式，在实施管理者激励时，公司代理冲突有什么变化？进而会影响外部审计的需求吗？管理者激励是用来解决外部股东与管理者之间的代理问题的，如果外部股东与管理者之间的代理冲突越严重，对管理者实施激励越有必要，研究管理者激励引起的代理冲突变化与外部审计的关系越有必要，那么，在我国上市公司中，外部股东与管理者之间的代理问题重要吗？

在世界上大多数国家的上市公司中，股权都是高度或相对集中的，La Porta et al.（1999）研究发现，除了在对投资者保护较好的普通法系国家外，很少有公司的股权是高度分散的。在以股权相对集中或高度集中为特征的公司中存在着双重代理冲突，即中小股东与其代理人——大股东之间的委托代理冲突，以及与股权高度分散的公司同样存在的股东与管理者之间的委托代理冲突（Fan and Wong，2002；冯根福，2004）。只不过在以股权高度分散为特征的公司的单委托代理关系中，是要解决全体股东与经营者的利益冲突问题，分散的股东存在"搭便车"行为和监督的边际收益问题，无法直接对经营者施加影响，通过董事会来代表全体股东对经营者实施监控。在股权相对集中或高度集中的公司的双重代理关系中，监督经营者在形式上也是通过董事会代表全体股东行事，大股东控制权的作用主要也是通过改善经营者的努力

① 具体可见本书第 2 章文献综述部分。

程度来实现（刘少波，2007）。控股股东或大股东掌握着公司董事会的实际控制权，可直接对经营者的行为施加影响，监督经营者努力增加企业价值，不过控股股东或大股东能有效监控经营者的前提是他是一个有效的投资者或委托人。当然，控股股东或大股东也有可能基于自身利益，凭借对公司的实际控制权，“掏空”上市公司，侵害其他中小股东的利益，降低企业价值。与一般股权高度或相对集中的公司不同的是，中国证券市场是一个新兴加转轨市场，上市公司绝大部分是由国有企业改制而来，直接或间接由政府最终控制（刘芍佳、孙霈和刘乃全，2003）。而由政府控制的企业，作为政府代理人的企业管理当局的控制权和现金流量权高度分离，他们较多关心政治利益，政府作为大股东远离企业的日常经营，与其代理人或企业的管理者之间的代理冲突也很严重。从我国现有经验研究结果来看，国有股权的高度集中不一定有利于上市公司的发展。徐晓东和陈小悦（2003）、夏立军和方铁强（2005）等发现第一大股东为国有股或有政府控制的存在对上市公司的公司业绩和价值呈负面影响；Tian（2001）、朱武祥和宋勇（2001）、陈小悦和徐晓东（2001）发现国有股比例与公司业绩呈“U”形关系或没有显著关系，而陈晓和江东（2000）、Sun and Tong（2003）、白重恩（2005）等则发现国有股比例与公司业绩负相关。平新乔、范瑛和郝朝艳（2003）根据“2002 年国有企业改制调查”中的激励工资数据，对中国国有企业代理成本的规模、原因做了估计与分析，结果发现，中国国有企业的代理成本，相当于 60% ~70% 的利润潜力，其中委托人（政府的国有资产管理机构）对客观随机冲击、代理人风险规避参数及努力的边际成本递增率缺乏充分信息所产生的代理成本占总代理成本的 2/3，而由代理人风险规避所导致的代理成本占 1/3。王克敏和王志超（2007）、邹海峰和陈晓（2007）等均发现在我国上市公司的实际控制人为政府时，管理者激励更有可能引起管理者机会主义行为。因此，在由政府最终控制为主体、股权相对集中或高度集中的中国上市公司中，作为享有最终控制权的大股东——政府可能并不是一个有效的投资者或委托人，高管激励是上市公司一个不可或缺的机制。

已有的研究表明，在我国证券市场建立初期，审计市场缺乏对高质量审计的需求（李树华，2000；余玉苗，2000；刘峰，2002；朱红军、夏立军和陈信元，2004），而随着会计师事务所的脱钩改制、审计市场的对外开放，我国审计市场能够提供高质量的审计服务（王咏梅和王鹏，2006；吴水澎和李奇凤，2006），证券市场和上市公司治理机制的日趋完善也使得我国高质量外部审计的有效需求增加。王跃堂和赵子夜（2003）、孙铮和曹宇（2004）、曾颖和叶康涛（2005）、岳衡（2006）、王艳艳、陈汉文和于李胜（2006）、周福源和刘峰（2006）、张奇峰（2007）等众多学者对我国上市公司外部审计与大股东和中小股东之间的代理冲突的关系进行过研究，并得出一些具有价值的结论，但对外部审计与外部股东和管理者之间的代理冲突关系的研究，特别是对高管激励报酬与外部审计的关系的研究较少，仅有李明辉（2006）、肖作平（2006）对管理者持股与外部审计的关系进行了检验。

现金报酬激励是我国上市公司管理者激励的主要方式，鉴于此，本书欲就我国上市公司管理者激励报酬与外部审计的关系进行研究，探讨管理者激励报酬对上市公司外部审计需求的影响，对完善我国上市公司管理者激励机制，促进上市公司持续、健康发展，并为政府监管部门改进审计和证券市场监管措施提供理论基础具有重要意义。

具体来讲，本书试图回答的问题和研究的内容主要包括：在我国现阶段公司治理结构下，（1）作为公司治理的制度安排，高管激励报酬对审计需求有何影响？外部审计与高管激励是相互补充还是相互替代？（2）外部审计能否识别高管激励报酬合约安排中存在的盈余操纵行为，并出具合理审计意见？（3）高管为了达到在激励报酬合约安排中的私人目的，是否存在收买审计意见的行为？

1.2 研究方法与研究思路

本研究以我国上市公司高管激励合约中的代理冲突增加为切入点，揭示我国现阶段公司治理结构下高管激励与外部审计需求的关系。本书中的高管激励主要指上市公司高级经理现金激励，相关概念的界定见1.3节。

本书的研究方法采用规范与实证相结合的方法，综合运用了经济学、管理学等领域的相关理论和概念。首先从企业的合约理论出发，阐述激励与审计这两大合约的不完全性和互补性。现代企业是一系列合约的联合体，管理者激励与审计是这一系列合约中的一部分。由于合约的不完全性，管理者激励合约存在漏洞和异化，并导致单激励合约不可能效率优化。也就是说，用以解决所有者与管理者之间代理冲突的激励合约存在天生的缺陷，其表现的激励效果是激励效应和代理冲突增加效应的综合。作为一种监督机制，高质量审计能减少信息不对称，缓解激励合约安排中的代理冲突问题。当然审计合约也具有不完全性，但外部审计与董事会、独立董事等企业内部监督机制不同的是，审计合约与激励合约属于不同的经济博弈域①，即审计合约属于跨组织域、交易域，激励合约属于组织域，而其他内部监督机制与激励合约同属于组织域。不同域的合约具有互补性，在信誉机制、行业自

① 博弈域是青木昌彦（2001）在《比较制度分析》中分析其制度观时所采用的基本单元。

律、其他监管等制度安排下，审计合约与激励合约会达成帕累托效率优化。在上述规范分析基础上，本书对高管激励与审计需求的关系进行了实证分析。在实证检验部分，本书以代理冲突增加为切入点，以国际“四大”或国内“十大”审计意见区分高质量审计，检验高管激励报酬与审计需求的关系。在第4章，在高管激励存在代理冲突增加的假设下，检验高管激励报酬对聘用国际“四大”或国内“十大”的影响，进而检验高质量审计和高管激励报酬对企业价值的影响。在第5章，检验审计师能否对高管激励报酬诱发的盈余管理行为进行识别，并出具合理审计意见，在此过程中还将考虑高管权力对盈余管理和审计师出具审计意见的影响。审计意见的出具影响高管激励报酬的获得，因而出于获取高额报酬的动机，高管将有收买审计意见的动机。第6章从审计师变更和异常审计费用两个角度检验高管激励报酬安排中产生审计意见收买动机和成功实现审计收买的可能性。本书研究路线见图1-1。

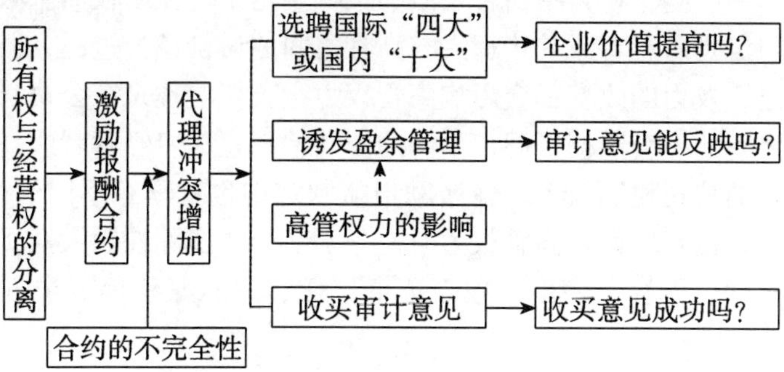

图1-1 研究路线

需要说明的是，高管激励报酬合约中产生代理冲突问题，有可能是在合约执行过程中，更有可能是在报酬制定过程中，即高管利用报酬制定程序的不公正性获取高额报酬。本书附录中将就高质量审计对激励报酬制定中程序公正性问题的识别进行检验，由于变量设计尚待完善，为保持本书整体的严谨性和主题的一致性，该部分内容没有放在正文中。

1.3 相关概念的界定

（1）高管激励

本书高管指除董事会成员之外的高级经理，不排除这些高级经理同时在董事会中交叉任职①。高管激励的方式包括显性激励和隐性激励，而显性激励主要包括奖金等现金激励报酬和持股。在我国，上市公司高管层的持股比例过低（雷光勇和陈若华，2005），现金激励报酬是主要的激励方式。本书的高管激励主要指年报中披露的现金形式的货币性激励报酬，具体指上市公司年度前三名高管报酬总额。

（2）高管权力

本书的高管权力指高管在激励报酬制定中的控制权力。激励报酬的制定是所有者或其代理人与高管之间的讨价还价过程，谈判双方地位、权力的改变都会影响高管权力。公司治理是在公司利益相关者之间的一套制衡机制，不同的公司治理意味着经营者或高管享有不同的公司控制权力，在激励报酬制定中也就享有不同的权力。因而本书在具体衡量高管权力时，分别从公司实际控制人性质、股权集中度、股权制衡度、独立董事比例、两职兼任等五个方面去衡量。

① Fama and Jenson（1983）把公司的决策程序分为决策控制和决策经营，在决策控制扩散化的大型股份公司中，决策控制被委托给少数代理人，董事会处在决策控制的顶端，掌握对高级决策经营者的聘用、解雇、补充的权力。本书的高管指具有决策经营权的管理者。

(3) 审计需求

审计需求分强制需求和自愿性需求，前者指政府监管部门所要求实行的法定审计，后者指基于自身利益最大化目的主动要求接受的审计。本书的审计需求指后者。在早期外部审计未被法律强制要求提供的自愿审计阶段，对审计需求的研究主要集中在企业是否有动机雇用外部审计，如 Chow（1982）以 1926 年公开交易的美国公司数据为样本，研究了代理冲突与公司自愿外部审计的关系；当法律强制要求提供外部审计时，审计的强制需求和自愿需求有可能同时存在，对审计需求的研究演变为企业是否有动机雇用高质量的审计。当审计的自愿性需求较高时，对审计的质量要求也较高。王华和段春明（2009）对现行经验研究文献中审计质量的测度方法进行了综述。图 1-2是采用各种间接测度方法来衡量审计质量，从审计供给、审计需求、制度环境三方面影响因素检验审计质量的经验研究路线，各种间接测度方法存在不同的应用前提条件和噪音。本书是从审计需求角度考察审计质量，采用审计师选择，即是否聘用品牌、声誉较好的审计师，如国际“四大”或国内“十大”①，通常被作为高质量审计的代名词，研究中大多也得到其他测度方法的验证。本书将以国际“四大”或国内“十大”作为高质量审计的测度，检验高管激励与国际“四大”或国内“十大”需求的关系。审计意见是审计的最终结果，并向市场传递审计师的审计结论，本书还以审计意见作为审计质量的测度，如果审计意见能正确反映上市公司的审计风险，不存在成功收买审计意见的行为，则说明高审计质量的存在。

① 国际“四大”或国内“十大”的解释见本书第 4 章。

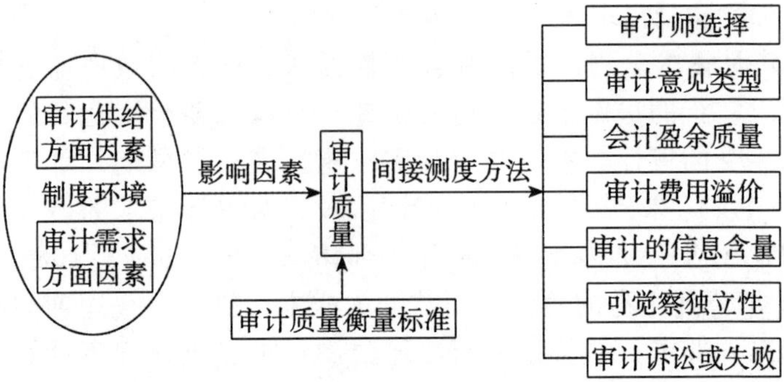

图 1–2　审计质量经验研究路线

1.4　论文结构

本书正文共分七章，结构安排如图 1–3 所示。

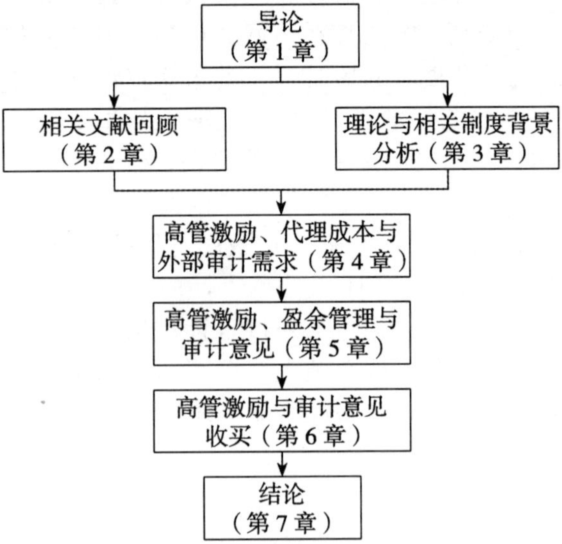

图 1–3　本书的结构安排

除第1章导论外，本书其余六章的内容安排如下：

第2章是对国内外相关文献进行回顾。本章分三部分：2.1对外部审计自愿性需求理论进行回顾；2.2简要回顾现有文献对高管激励相关研究的内容，分析现有高管激励研究中存在的新的研究机会；2.3是公司治理与审计需求的关系经验研究回顾及评价，主要回顾高管激励与审计质量的有关文献，同时基于本书是研究高管激励在其他公司治理安排的前提下对审计需求的影响，该部分还回顾了其他公司治理特征与审计关系的文献。

第3章是理论与相关制度背景分析，为后文实证检验部分提供一个理论和制度环境框架。本章分为三部分：3.1根据企业的不完全合约理论，采用规范研究方法，阐述激励合约和审计合约的不完全性，认为激励合约与审计合约存在互补性，并能实现帕累托效率优化；3.2对我国高管激励报酬状况、特征进行背景介绍；3.3是本章小结，总结前面两节内容，在此基础上提出后文实证安排。

第4章实证检验高管激励、代理成本与外部审计需求的关系。本章结合已有研究文献和审计需求理论，以我国2002—2005年上市公司为样本，检验上市公司高管激励与外部审计需求的关系。研究发现，以国际“四大”或国内“十大”作为高质量审计的替代，我国上市公司高管激励报酬与高质量审计需求具有强正相关性，同时高质量审计能降低企业代理成本，对公司价值具有提升作用。上述结果表明，在我国上市公司高管激励报酬安排中存在代理冲突增加效应，高质量审计能缓解这种代理冲突。

第5章检验高管激励、盈余管理与审计意见的关系。本章以我国2002—2005年上市公司为样本，检验审计师对高管激励报酬诱发的盈余管理能否识别、监督。研究发现，高管激励报酬会诱发盈余管理，高管权力对激励报酬诱发盈余管理有影响，审计师能对上市公司盈余管理进行识别，并出具合理审计意见；高管激励报酬诱发的盈余管理属于“信息传递”盈余管理，审计师对此评定为低审计风险，并显著降低出具非标准无保留审计意见的概率。

第6章检验高管激励与审计意见收买的关系。审计能缓解高管激励中的代理冲突行为，现实中审计意见往往也会对高管激励报酬产生影响，因而出于牟取高额报酬的动机，高管有可能收买审计意见。本章从审计师变更和异常审计费用两个角度，以2002—2005年我国上市公司数据为样本进行检验。研究发现，高管激励报酬高的公司有通过审计师变更、收买审计意见的动机，但不明显，收买结果也不成功；为了获取高额报酬，上市公司高管明显有通过支付超额审计费用以收买审计意见的动机，但审计意见收买不成功。

第7章是结论，对本书进行总结，提出研究局限性和未来研究方向。

在本书的附录中，检验了高质量审计与高管激励报酬制定程序公正性关系。程序不公正，从而造成高管激励报酬严重偏离企业业绩，是高管激励中又一重要代理冲突表现。本部分以国际“四大”或国内“十大”作为高质量审计的替代，以我国2002—2005年上市公司为样本，研究发现，高管权力较大时，高管现金激励报酬和非货币性隐性激励报酬的业绩敏感性均显著增大，体现了程序的不公正性，高质量审计能显著减弱非货币性隐性激励报酬的程序不公正性，而不能减弱现金激励报酬的程序不公正性。

1.5 论文的创新和贡献

本书的创新和贡献之处主要表现在：

(1) 从审计视角研究高管激励问题，通过强化高管薪酬审计，为高管激励制度的设计提供了一种新的思路

高管激励一直是理论和实务界研究的热点，但以往研究主要是对高管激励效果、高管激励影响因素的检验，即主要是就高管激励与企业绩效等因素的相关性进行研究，也有部分是研究如董事会特

征等企业内部监督约束机制与高管激励、激励绩效的关系，但由于董事会等内部监督约束机制在高管激励方面存在天然缺陷①，使得研究的结论没有一致性。实际上由于经济人理性、信息的不完全性以及未来的不确定性，高管激励下的管理者行为和动机并不会按照“最优契约观”所设想的那样，因而激励效果也会因行为和动机的非理想化而变得不确定，因此研究激励下的管理者行为和动机，以及对行为和动机的监督约束更可能是研究激励问题的焦点所在。本书以高管激励合约的代理冲突为切入点，研究高管激励与审计的关系，对于优化公司激励机制具有重要意义。

（2）从不完全合约和制度均衡的角度对审计的作用进一步进行了论述，拓展了审计基本理论

传统审计理论主要基于受托责任观、经济控制论等理论，本书把审计看成是企业一系列合约的组成部分，审计合约的主要功能是降低信息不对称性，弥补企业其他合约的缺口。但其本身也是不完全合约，具有漏洞和缺口，审计质量受到各种因素影响；审计功能之所以能实现，是因为审计合约与其他合约属于不同的经济博弈域，合约之间具有互补性；通过强化审计市场信誉机制、行业自律、政府监管等措施可实现合约博弈均衡的效率优化。

（3）对外部审计能否缓解股东与经营者之间的代理问题进行了研究

我国上市公司中的代理问题包括大股东和中小股东之间的剥夺型代理问题、股东和经营者之间的代理型代理问题，目前我国对外部审计能否缓解剥夺型代理问题的研究较多，而对外部审计能否缓解代理型代理问题的研究较少（见文献回顾部分），本书研究了外部审计对因激励报酬而产生的股东与经营者之间的代理问题的缓解

① 表现在两个方面：一方面，高管在董事会中有较多席位时掌握董事会决定激励形式和内容的权力；另一方面，包括独立董事在内的董事会成员自身的薪酬也由董事会确定，这就很难自正其身而对高管激励进行严格的约束。

作用，丰富了国内相关文献。

（4）对外部审计能否识别高管激励报酬诱发的盈余管理行为进行了研究

国内关于高管报酬与盈余管理的研究主要包括盈余管理的程度、盈余管理对报酬的影响等方面，但对盈余管理的价值相关性进行的研究较少。本书把盈余管理分为“机会主义”和“信息传递”两类盈余管理行为，并发现高管激励报酬诱发的盈余管理属于“信息传递”盈余管理，丰富了国内高管激励报酬与盈余管理研究文献。

（5）对审计意见收买的高管报酬动机从审计师变更和异常审计费用两个角度进行检验，丰富了审计意见收买的文献，对审计市场的监管也提供了一定的理论依据

审计意见收买是证券市场审计的重要问题，审计意见的改善是审计意见收买的直接目的，但更深层次的动机是“寻租”，本书对审计意见收买的高管报酬动机进行了实证检验，在国内外文献中尚不多见。同时研究结论也表明，审计质量的影响因素既可能来自供给方，也可能来自需求方，如高管基于高额报酬的利益驱动而收买审计意见，因此，监管部门对审计质量不仅要从供给方加强监管，也要从需求方加强监管。

（6）从程序公正性来研究高管激励制定过程中产生的代理冲突问题，并就审计对程序公正性的鉴证作用进行了初步研究

2 相关文献回顾

本书研究以我国上市公司高管激励报酬合约中的代理问题为切入点，经验地揭示我国现阶段公司治理结构下高管激励与外部审计需求的关系。本章相关文献回顾分为三部分：（1）审计自愿性需求理论假设回顾。主要回顾现行审计自愿性需求的几个理论假设，为本书审计需求的实证检验提供理论支持。（2）高管激励的有关经验研究。简要回顾现有文献对高管激励相关研究的内容，分析现有高管激励研究中存在的新的研究机会，以期对本书研究内容和安排有所启发。（3）公司治理与审计关系的经验研究。现有单独研究高管激励与审计关系的文献较少，大都结合高管激励和其他公司治理机制，研究它们与审计的关系，故本部分的文献回顾不仅限于高管激励与审计关系的研究，还拓展到其他公司治理特征与审计关系的文献，以期使本书研究有所完善或突破。

2.1 审计自愿性需求理论回顾与评价①

现有研究文献中对审计自愿性需求的解释有多个理论假设，主要有代理理论假设、信息假设、信号假设、保险假设和利益冲突假设等。本节将首先对这些理论假设的基本观点进行综述，在小结部分分析这些理论假设之间的关系以及对本书研究的意义。

① 本部分内容参考了孙铮和曹宇（2004）、薛祖云等人（2004）、姜虹（2006）、陈靖（2007）等文献。

2.1.1 代理理论假设

审计需求的代理理论，是目前解释审计自愿性需求的主流派理论，它是在 Jensen and Meckling（1976）所倡导的代理理论的基础上发展起来的，并由 Watts and Zimmerman（1978，1979，1986）提出。Jensen and Meckling（1976）以企业的所有权和经营权相分离，以及由此导致的信息不对称为切入点，紧紧围绕委托代理关系中道德风险对企业价值的影响进行讨论。他们认为，在一个经理人员拥有全部股权的企业中，经理人员享有全部的剩余索取权，他也将完全承担由于低效或无效经营所可能产生的全部损失。但是，随着经营者向外融资，将其所持有的股权转让给其他投资者，他所拥有的股权比例将会下降至 100% 以下，经营者将不需要像过去那样为自己的不当行为承担完全的责任。因此，他会有更大的激励去偷懒，去从事各项可能损害其他股东利益的行为。同时对于理性的投资者来说，他们同样能够预期到经理人员的机会主义行为，并且将会在经理人员向资本市场融资时，降低企业股票的出价水平。这样，在一个有效的市场中，经营者将不得不承担股票价格下降所带来的损失。经营者为了避免这部分损失的出现，就会向投资者做出额外的承诺，保证他们还会像以前自己拥有 100% 股权那样勤勉，不滥用股东托付的资本。为了保证这些承诺和限制性条款得到遵守，就必须引入审计这样的能够实现监督和保证的制度安排。在此基础上，Jensen and Meckling（1976）进一步得出结论，审计是一项能够降低代理成本的制度安排，并且对这项制度安排的需求来自于代理人。代理人通过引入审计这种制度安排，以示对其自身的机会主义行为进行了监督，从而向投资者证明自己的行为是符合委托人的利益的。当公司对外发行债券时，在管理者或股东与债权人之间也存在上述的代理问题和类似的解决方法，Simunic and Stein（1987）就发现长期债务合约的存在会增加高质量审计的需求。控股股东与中小股东之间同样存在代理问题，并且控股股东如果认为这么做符合成本效益原则的话，他们会引入审计等监督或保证机制向中小股东表明，自身已经对掠夺中小股东的能力进行了限制，以降低代理成本（Claessens et al.，2002；La Porta et al.，2002；Fan et al.，2005）。

2.1.2 信息假设

信息假设的兴起是和财务会计信息决策有关的。审计需求信息假设认为，之所以存在对注册会计师独立审计的需求是因为审计具有改善财务信息质量、提高财务资源配置的作用，其立论的一个基本前提是：假设股东及利害关系人广泛依赖审计师审计的信息，将其作为决策的依据。在现代企业两权分离的情况下，经营者和企业外部投资者、债权人等利益相关者之间存在信息不对称，经营者必须向外部利益相关者提供会计信息，但这些信息使用者自身无法对会计信息的真实可靠性作出判断，他们需要聘请恪守公正、独立的第三者——审计师对会计信息进行鉴证（薛云奎，谢芳，1994）。实证会计理论研究已经表明，企业价值与企业财务报表信息之间存在着高度的相关性，投资者可以通过对财务报表的分析对企业价值做出估计，从而实现对企业市场价值的定位，并在此基础上做出理性的决策，提高资源配置的效率。

2.1.3 信息传导假设

信息传导假设也称声誉假设，假定经营者和投资者存在信息不对称，这种理论将阿克尔洛夫的“柠檬模型”引入资本市场。该理论认为在资本市场上，股东在掌握公司信息方面处于明显劣势，若没有外来干预，必然会导致“劣质公司驱逐优质公司”的现象，从而摧毁投资者对资本市场的信任，减少和纠正信息不对称成为经营者解除受托责任的必然选择。解决的途径有两个：一是提高信息使用者的信息搜索能力；二是经营者主动披露可靠的经鉴证的信息。也就是说，信息不对称是上市公司独立审计需求的直接原因。如 Carpenter and Strawser（1971）、Titman and Trueman（1986）的研究发现，当公司拟发行股票和债券时，若选择了高质量的会计师事务所，投资者会提高对公司价值的评价。另外，当存在成熟经理人市场时，信息传导假设还认为公司管理者会通过聘用高质量的会计师事务所以解除自己的受托责任，并借此向市场传递其经营管理能力，提高其在经理人市场上的价值。

2.1.4 保险假设

保险假设，也称“深口袋理论”，认为管理者聘用注册会计师的动机是为了转移部分财务披露的责任，是一种保险行为。该假设认为审计费用的发生贯彻了风险分享的原则，为防止内部人舞弊造成灾难性损失或经理们为防止下属从中作弊以使他们蒙受损失，自己将部分收入用于聘请审计人员，这部分审计费用视为风险基金，同时把审计效果视为保险价值，如果审计人员因为失职而不能发现人为舞弊，他将有责任赔偿因此而带来的损失，在实务中，主要体现为注册会计师应为审计失败而给投资者造成的损失做出赔偿。由于保险机制作用的发挥通常体现在财务危机发生和审计师对信息使用者进行赔偿时，因此一般认为，审计保险价值取决于两个因素：一个是审计师的法律责任；另一个则是审计师的赔偿能力。在法律责任一定的情况下，事务所的赔偿能力越强，其所提供的审计保险价值就越大。据统计，“四大”每年的收入都在百亿美元以上，远远超过其他事务所的收入，因此从审计保险价值的角度来说，同一法域下，“四大”所提供的保险价值要远远大于其他事务所[①]。一

① 陈靖．审计师选择的协同效应和范围经济假设［D］．厦门大学博士论文，2007：12.

些实证研究也证实了“保险假设”，如 Palmrose（1988）的研究发现注册会计师的涉诉增加与经济下滑相关，注册会计师的涉诉与公司失败相关，而且无论大的会计师事务所还是小的会计师事务所，因诉讼支付的赔偿比例相同。

2.1.5 利益冲突假设

利益冲突假设认为，财务报表的提供者与使用者之间存在着利益冲突，审计就是协调这种冲突的活动。利益冲突的存在使得利益冲突各方都希望财务信息的提供能基于自身的利益，为使财务报表为每一个预期使用者所信赖，财务报表必须保持中立，也要求由一名独立于利害关系各方的审计人员对财务资料予以鉴证，以维护各个利益集团的利益，具有专业知识且具有较高独立性的注册会计师就成为该鉴证的最佳人选。审计制度安排是个利益相关者利益协调的过程，并因利益关系的变化而变化（吴联生，2003）。

2.1.6 小　结

上述对审计自愿需求的不同解释并不矛盾，也无本质区别，是随着经济学理论的不断发展，基于不同角度或不同需求方的需求作出的理论假设，并通过实证研究进行检验。现代企业中财产所有者把财产委托给经营者进行经营管理，经营者有责任经营好所有者的受托财产，所有者对经营者提供的经营报告的真实性有必要进行审核，所有者与经营者之间的受托经济责任关系的确立是审计产生的前提条件（阎金锷，1996），并伴随受托经济责任的发展而发展（杨时展，1996）。随着企业理论和合约经济学的发展，人们认识到受托责任关系不仅仅局限于所有者和经营者之间，而是通过诸如宪法、法律、规章、合同、组织规划、习惯等正式或非正式方式等建立起来的复杂的合约关系当事人之间，这些合约当事人之间彼此相互依赖，承担对对方履行合约的义务或责任，并称为委托代理关系。由于有限理性经济人的特性和信息不对称，委托代理双方存在利益冲突和目标不一致性，利益冲突的不协调将导致合约关系的瓦解，基于双方利益最大化需要，必须引入独立的第三方——审计师对合约所需信息进行鉴证，降低信息不对称，提高合约双方利用信息进行决策的效果。

不过，上述各种对审计自愿需求的不同解释忽略了审计本身也是企业合约一部分的性质，审计的引入并不一定能最大化委托代理双方的利益，因为审计合约的签订和履行也存在合约各方利益冲突问题，本书在第 3 章将对此进行讨论。

2.2 高管激励经验研究的简要回顾

自 Berle and Means（1932）的经典论著《现代公司与私有财产》出版以来，特别是自 20 世纪 80 年代代理理论出现以来，有关高管激励的研究文献可谓“汗牛充栋”（Murphy，1998）。本书研究的主要内容不是怎样对高管进行激励，而是研究对高管激励的监督与约束问题，因此，本部分内容不打算对高管激励研究文献进行详细回顾，而只就高管激励经验研究文献进行简要总结①，分析现有高管激励研究中存在的新的研究机会，以期对本书研究内容和安排有所启发。现有文献对高管激励的研究主要围绕三个方面展开，即高管激励的影响因素、高管激励对高管行为的影响和高管激励对企业绩效的影响。

2.2.1 高管激励的影响因素

现代企业所有权和经营权的分离导致所有者和经营者产生代理冲突，设计合理的高管激励合约，在所有者和经营者之间进行剩余

① 更多的文献可参看 Murphy（1998），Jensen et al.（2004）。

索取权的分配，有利于缓解所有者与经营者之间的代理冲突。但由于合约的不完全性，现实中不同企业的高管激励合约设计迥然不同，对企业绩效影响也千差万别，经验研究中大量的研究文献也集中在分析高管激励报酬到底取决于哪些因素，这其中又可以分为业绩因素和非业绩因素。业绩因素可分为会计业绩、市场价值、销售收入等指标，而非业绩因素可能包括公司规模、管理者权力、行业特征、成长性、公司治理结构等。在研究高管激励是否受业绩影响时，一部分学者以高管激励与业绩之间的敏感性变化来检验激励与业绩的关系，并考虑其他指标对敏感性的影响。

国外文献中关于高管激励影响因素的研究较少，但起步较早。Lewellen and Huntsman（1970）使用1942—1963年公司委托授权书中的数据研究了财富100强中的50家公司，推断得出在决定管理者薪酬上会计利润至少同销售收入一样重要。Mushy（1985）利用1964—1981年美国大公司的数据，研究发现经理人报酬与股东回报、销售规模增长显著正相关。Agrawal and Walkling（1994）发现被控制权发生转移的公司CEO在转移后报酬下降。Cheung et al.（2005）认为管理者报酬可能是控股股东“掠夺”中小股东的一个手段，其研究发现，在香港小公司和家族企业中持股达35%以上或在大公司中持股达10%以上时，经理现金报酬与其持股显著正相关，而与经理的努力程度无关。

国内文献中关于高管激励影响因素的研究较多，但基本开始于2000年以后。早期研究以检验业绩指标、公司规模、行业特征为主，近年来对高管激励是否受公司治理结构影响的研究较多。魏刚（2000）的研究结果表明我国上市公司高管货币薪酬与企业规模、行业景气度正相关，与高管持股数量负相关。杨瑞龙和刘江（2002）研究发现家电企业经理人报酬与股权结构和业绩均无关。陈志广（2002）认为高级管理人员的年度报酬与企业绩效、企业规模、法人股比例显著正相关。张俊瑞等人（2003）发现高级管理人员的人均年薪与公司每股收益、国有控股比例、高管层持股呈现多元线性关系。刘斌等人（2003）研究发现我国上市公司 CEO 薪酬增长主要受营业利润率变动的影响，而薪酬下降受总资产利润率变动的影响。

张鸣和陈震（2006）认为，对成长性不同的公司，会计指标和股价指标对高管报酬的影响有差异。宋春香（2006）研究发现我国上市公司高管报酬与公司规模、独立董事比例、两职兼任正相关，与国有控股的性质负相关，当业绩较好时，与业绩正相关，当业绩较差时，与业绩不相关，没有发现高管报酬与公司成长性指标市盈率不相关。

刘海英和刘志远（2007）研究发现高管报酬与公司规模、总资产报酬率正相关，与国有控股性质、主营业务收入增长率负相关。杜兴强和王丽华（2007）研究发现我国上市公司高管现金报酬与公司及股东财富变动正相关，公司在决定高管薪酬时更青睐于会计盈余指标的变化。高雷和宋顺林（2007）研究认为上市公司高管报酬的变化与当年会计绩效显著正相关，但与会计绩效的变化之间的关系不稳定，上市公司股东价值每增加 100 万元，高管平均报酬仅增加 3. 8 元，上市公司市场异常收益率每增加 100%，高管平均报酬增加 1. 58%，不同性质和规模的公司报酬绩效联系不同。武立东（2007）研究发现我国民营上市公司高管报酬与业绩正相关，董事会监督会强化这种正相关性，而大股东控制会扭曲这种正相关性。

武立东和王建（2008）认为，民营上市公司的高管报酬与企业绩效、内部股东持股比例正相关，与外部董事比例负相关。Hermalin and Weisbach（1998）构建了一个董事会与 CEO 的经典博弈模型，认为董事会的效率取决于董事会与 CEO 的讨价还价博弈，在此基础上，宁家耀和王蕾（2008）以英国和中国的数据进行检验比较，认为独立董事与高管在董事会中权力的博弈结果影响高管激励，只有董事会在博弈中占优的情况下，CEO 激励报酬与绩效的相关性才会得到强化。高义（2008）研究发现高管人员报酬与企业规模显著正相关，内部人控制程度越严重，企业规模变动对高管人员的报酬影响越大，中国上市公司高管人员存在借用扩大企业规模名义来获取更高报酬的情况。郭玲玲（2008）采用因子分析法得出我国上市公司高管报酬与公司增加值变量相关的结论。邵平等人（2008）发现金融企业公司规模、负债比率、收益波动性与高管报酬的业绩敏感性负相关，外资进入、高管任职时间、金融监管以及董事会的独立敏感性的影响不显著。

李增泉等人（2004）依据最优契约论的思想，研究发现我国上市公司经理货币薪酬与非货币薪酬成负相关，政府控制和盈余管理的存在显著降低了经理薪酬的业绩敏感性，从而认为我国上市公司经理薪酬与业绩的相关性仍符合股东利益最大化的最优契约原则。杨贺等人（2005）选取股权集中度、股东性质、董事会特征、总经理任期等变量作为高管权力的度量，研究认为高管年薪不受其权力的影响；而卢锐（2005）以董事长和总经理两职兼任的公司为对象，研究发现我国上市公司高管存在自定薪酬现象。Cyert et al.（2002）构建了一个董事会与 CEO 之间的博弈模型，验证在有大股东存在的情况下，作为内部治理机制的董事会和外部接管威胁可以有效防止高管自定薪酬。

研究高管激励报酬是否受业绩的影响时，一部分学者通常用报酬-业绩敏感度的变化来检验，敏感度越大，激励报酬受业绩的影响程度越大。Jensen and Murphy（1990）对美国公司 CEO 薪酬水平和结构与工作绩效的关系进行的研究表明，CEO 报酬与绩效间的敏感度下降，原因是公共和私人政治力量的限制。John and John（1993）研究了公司资本结构对管理者报酬-业绩敏感性的影响，发现债务的存在能降低报酬-业绩敏感性。张必武和石金涛（2005）研究发现独立董事比例、薪酬委员会设置以及董事长与总经理二职兼任对高管薪酬水平有显著正影响，独立董事比例、董事长与总经理二职兼任均显著提高了薪绩敏感性。

Aggarwal and Samwick（1999）发现随着企业绩效风险增大，企业经理的薪酬业绩敏感性大幅下降。Harvey and Shrieves（2001）发现薪酬业绩敏感性很大程度上受公司治理机制与经理人风险规避因素的影响，外部董事与大股东的存在增强了薪酬业绩敏感性，偏好债务融资的企业薪酬业绩敏感性较低，CEO 的年龄及持股比例也对薪酬业绩敏感性有显著的负影响。

肖继辉和彭文平（2002）研究发现，不存在高管人员薪酬与会计业绩度量有敏感性的证据，存在高管人员总报酬及总报酬的变化额与股东财富业绩度量有敏感性的证据，不存在董事会确定高管人员薪酬时会考虑其对会计数字操控的证据。肖继辉和彭文平（2004）研究发现，收益波动、财务杠杆、规模、董事会治理、大股东治理对我国上市公司总经理报酬业绩敏感性的影响不显著，但是总经理的双重身份、董事身份和其在董事会中任期这三个经理自利特征对报酬业绩敏感性有显著影响，当公司业绩变好时，报酬业绩敏感性增加，当公司业绩下滑时，报酬业绩敏感性减小，而总经理双重身份和其在董事会中任期这两个经理自利特征使报酬业绩敏感性进一步降低。肖继辉（2005）研究发现民营上市公司经理报酬业绩敏感性最高。张鸣和陈震（2008）在控制公司规模、股权结构和公司成长性因素后，发现上市公司高管人员报酬契约能够针对高管人员职责的不同，合理选择业绩指标的报酬业绩敏感性，但没有发现业绩风险大小对高管人员报酬业绩敏感性有影响的证据。

2.2.2 高管激励对高管行为的影响

激励对高管行为的影响主要集中在激励对公司投资决策、盈余管理行为的检验。Smith and Watts（1992）发现经理人报酬与公司投资行为有关。Healy（1985）研究认为，公司盈余低于奖金红利计划下限时，高管将采取“洗大澡”（take a bath）的负向盈余管理行为。而 Holthausen et al.（1995）、Gaver et al.（1995）研究认为，在报酬合约规定的盈余上下限内，高管出于盈余平稳化的动机而进行盈余管理。DeFond and Park（1997）研究发现出于对被解雇危险的考虑，管理者会利用盈余管理对未来业绩和当前业绩之间进行平滑。Levine and Hughes（2005）通过模型构建研究认为管理者报酬及引起的会计政策选择可作为信号，降低资本市场信息不对称和融资成本。

刘斌等人（2003）研究发现无论是增加或降低 CEO 薪酬，均不存在盈余管理或利润操纵的机会主义行为。王克敏、王志超（2007）应用 LISREL 模型，研究发现高管年薪与盈余管理显著正相关，大股东控制和股权集中会增强高管年薪与盈余管理的相关性。邹海峰和陈晓（2007）发现上市公司利润操纵行为与实际控制人股权集中度、管理层报酬之间存在显著负相关性，上述关系在实际控制人为非国家股股东时更加明显，在实际控制人为国家股股东时则不显著。李延喜等人（2007）也发现管理层薪酬水平与调高的操控性应计利润正相关，董事会监管机制对盈余管理行为制约作用不明显。朱星文等人（2008）研究认为盈余管理对上市公司高管报酬业绩敏感性具有显著正向作用，董事会不能降低敏感性。

2.2.3 高管激励对企业绩效的影响

国内关于高管激励对企业绩效的影响的研究文献较多，研究结论并不一致。魏刚（2000）、李增泉（2000）、张小宁（2002）研究认为高管报酬对企业绩效的影响不显著，刘国亮和王加胜（2000）研究发现管理者年薪与公司绩效负相关，徐向艺等人（2007）研究认为在现行激励体系下，我国上市公司年薪的激励效应差于非年薪。

宋增基和张宗益（2002）研究认为高管年度现金报酬对公司

绩效具有显著正向作用，而年度现金报酬与非执行董事比例、国有股份比例正相关。刘斌等人（2003）研究发现我国上市公司增加CEO薪酬对提高企业规模和股东财富有一定促进作用，而降低CEO薪酬会产生负面作用。陈朝龙（2002）、谌新民和刘善敏（2003）研究也认为实行年薪制对经营者提高绩效具有一定激励作用。

姚艳虹和曾德明（2006）研究发现国有企业高管人员年薪能改善企业业绩，但非物质激励更有效。杨忠诚和王宗军（2008）研究发现在劳动密集型企业，高管年收入对公司绩效有正向作用，而在资本密集型企业作用不显著。唐清泉等人（2008）研究发现管理层报酬总额、人均报酬对公司绩效具有显著作用，产生了激励效应。

2.2.4 小 结

由上述文献回顾可以看出，有关高管现金激励的研究主要集中在国内，这是因为国外发达市场国家中高管激励方式以股权激励为主，而我国目前高管激励仍然以现金激励方式为主。在高管激励与业绩关系的研究中，国外大多以高管激励报酬作为因变量，研究高管报酬与业绩的敏感性，而在我国的研究文献中，既有研究高管报酬与业绩的敏感性的，也有以高管激励报酬为自变量，研究高管激励报酬对业绩的影响的。从研究结论来看，绝大多数研究都认为高管激励与公司会计业绩和市场业绩均相关，公司治理对高管激励会产生显著影响，但也有研究表明激励与业绩不相关。在高管激励政策的制定、履行过程中，高管权力对激励具有正相关作用，大股东也可能通过高额高管报酬“侵蚀”中小股东利益，还可能会诱发盈余管理或影响公司的投资决策，高管激励并因此而提高。也就是说，在设计或研究高管激励时，除了要考虑其激励效应外，还需考虑其本身的代理冲突效应。

2.3　公司治理与审计的关系的经验研究

现代公司的治理问题主要包括两类代理问题：代理型公司治理问题和剥夺型公司治理问题，前者指因管理者和股东之间代理冲突引起的治理问题，而后者指因大股东和中小股东之间代理冲突引起的治理问题（宁向东，2005）。本书研究高管激励与审计需求，涉及高管激励、董事会、大股东控制、股权制衡、审计等相关公司治理机制，而从现有文献内容来看，专门研究高管激励与审计的文献较少，高管激励与审计的关系、大股东控制与审计的关系或股权制衡与审计的关系是分别纳入到管理者和股东之间代理冲突与审计关系的经验研究、大股东和中小股东之间代理冲突与审计关系的经验研究中的。因此，在回顾高管激励与审计关系的文献时，有必要把文献回顾视野扩大到公司治理与审计的关系。本部分内容包括：代理型公司治理问题与审计的经验研究回顾、剥夺型公司治理问题与审计的经验研究回顾、董事会特征与审计的经验研究回顾、其他公司治理机制与审计的经验研究回顾，最后是评价与启示。

2.3.1　代理型公司治理问题与审计的经验研究文献回顾

代理型公司治理问题指管理者和股东之间的代理冲突引起的公司治理问题，文献中对管理者和股东之间的代理冲突程度主要用管理者显性激励来反映，个别是用所有权分散程度、管理费用等指标来衡量。管理者显性激励包括会计契约报酬和持股。

（1）国外研究

国外有关代理型公司治理问题与审计关系的经验研究较多，绝大多数研究认为管理者和股东之间代理冲突程度与审计相关。

Chow（1982）首先用代理理论分析了公司对审计的自愿需

求，并进行了实证检验。代理理论认为企业聘用外部审计的主要原因是为降低公司管理者、所有者、债权人之间的利益冲突，以在各利益冲突团体间有效地分配资源，因此，利益冲突的程度或外部审计的边际成本影响公司对外部审计的需求程度。Chow（1982）用公司规模、债务比例、债务发行中会计合约的数量、管理者持股衡量公司利益冲突或代理问题的程度，以1926年公开交易美国公司数据为样本，在控制了公司是在柜台交易（over-the-counter）还是在交易所（NYSE）交易之后，发现公司对外部审计的自愿需求与债务比例、债务发行中会计合约的数量显著正相关，与公司规模弱正相关，但研究结果不支持管理者持股与外部审计需求负相关。不过，在Chow（1982）的研究中，对管理者持股并不是采用每个样本公司的经理的持股比例，而是采用样本公司所在行业管理层平均持股比例，其管理者持股比例更可能是行业指示变量。

Palmorose（1984）的研究也没有发现会计合约激励计划与审计师的聘用有显著关系。Piot（2001）用股权分散化代替所有者和管理者之间的代理冲突，研究了法国上市公司代理成本与审计质量的关系，没有发现股权分散与高质量审计之间有显著关系。

继上述研究之后的研究都发现管理者和股东之间代理冲突程度与审计存在显著关系。Eichenseher and Shields（1986）研究了管理者持股与审计师变更的关系，发现管理者持股越高，越有可能变更为“八大”① 审计。而Simunic and Stein（1987）研究发现在IPO时低管理者持股与“八大”的聘用正相关。

Francis and Wilson（1988）研究了管理者持股区间、会计基础合约激励报酬与审计师变更的关系，与之前的研究不同的是用审计

① 1932年《财富》杂志推出的排行榜，首次凸显国际“八大”会计师事务所，后来相继合并为“六大”、“五大”，即普华永道、安达信、安永、毕马威、德勤，2001年因安达信解体变为“四大”，由为简便起见，下文无特别说明，统称为国际“四大”。

师品牌和审计师规模两种方法表示审计质量的高低。研究发现审计师品牌比审计师规模更能代表审计质量，管理者持股与是否变更为品牌审计师没有显著关系，而会计基础合约报酬与是否变更为品牌审计师显著正相关。

Feltham et al.（1991）研究了 IPO 时审计的作用，认为高质量的审计与经理人员持股可作为相互替代的公司治理机制。Datar et al.（1991）同样研究了 IPO 时审计的角色和高质量审计的作用，认为管理者用持股比例和审计师的选择作为信号装置，减少投资者的不确定性，管理者持股和审计师的选择可相互替代，当管理者持股较高时，对审计质量的要求就不会太高。

DeFond（1992）采用主成分分析法，综合审计师规模、品牌、行业专业能力、独立性等审计质量标志的变化，研究审计师变更前后两年的代理成本变化与审计质量的关系，发现管理者持股的变化与审计质量显著负相关。DeFond（1992）也发现短期会计应计项目与审计质量没有显著相关性，间接证明了管理者会计契约报酬与审计质量可能没有相关性。

O'Sullivan（2000）对英国大公司的研究以审计费用代表审计质量的高低，发现管理者持股比例（执行董事或非执行董事）与审计费用显著负相关。

Gul and Tsui（2001）研究了在管理者享有公司所有权情况下公司自由现金流量、债务监督和审计费用的关系。当公司存在高自由现金流量而又处于低成长期时，管理者可能利用自由现金流量进行“价值破坏活动”的机会主义行为（Jensen，1986，1989），如过度在职消费、非最优投资、资产的挪用、高薪等（Jensen，1986；Christie and Zimmerman，1994）。但管理者持股使管理者与所有者利益趋于一致，负债的存在能起到监督作用（Jensen，1986，1989；Maloney，1993），管理者持股和负债都可以减少自由现金流量引起的代理问题。Gul and Tsui（2001）对 1992 年和 1993

年149家低成长公司进行了检验，发现审计费用与自由现金流量正相关，管理者持股能显著冲销审计费用与自由现金流量的正相关性，而管理者持股的这种冲销效应在高负债情况下弱化。

Gul, Lynn and Tsui（2002）在Warfield et al.（1995）的基础上，以澳大利亚上市公司1992年和1993年的混合数据为样本，以“六大”作为高质量审计的替代，研究了审计质量、管理者持股与会计盈余信息的关系，发现高质量审计能弱化管理者持股与会计盈余信息含量（盈余反应系数）的正相关性，也能弱化管理者持股与盈余管理的负相关性。

Gul, Chen and Tsui（2003）研究了会计应计项目、管理者激励与审计费用的关系。根据代理理论，Gul, Chen and Tsui（2003）按操纵目的把管理者可操纵的会计应计项目分成两种性质：公司管理者持股越多，越有可能利用应计项目操纵传递价值相关信息；而在管理者享有高会计契约基础报酬时，更可能采取机会主义行为，利用应计项目进行盈余管理，以获得更高的报酬。也就是说，管理者高持股时，管理者与所有者利益趋于一致，此时所进行的应计项目操纵是一种积极的信号作用，传递公司未来业绩价值相关信息，其最终可能会实现（Warfield et al.，1995；GuL, Lynn, and Tsui, 2002）；而在存在高会计契约报酬的情况下，盈余影响着管理者的报酬，管理者有动机进行盈余管理或舞弊以获取高报酬，此时的高应计项目是管理者产生的高代理成本的体现（Balsam, 1998；Lee, Ingram, and Howard, 1999）。Gul, Chen and Tsui（2003）以648家澳大利亚公司为样本，实证结论认为应计项目与审计费用正相关，管理者持股对应计项目与审计费用间的正相关性具有负向作用，这种负向作用在管理者享有高会计契约基础报酬时较弱。研究表明，审计师能正确判断管理者持股或享有激励报酬时的应计项目操纵行为性质。Gul, Chen and Tsui（2003）考虑存在大股东（持股5%以上）情况下的实证检验的敏感性，发现大股东的存在对审计费用具有显著负向作用。

Lennox（2005）研究了管理者持股与审计师规模选择的关系，与之前的研究不同的是，Lennox（2005）以英国非上市公司为样本，并且根据 Morck et al.（1988）的研究结论把管理者持股分成不同区间，以区分代理问题的利益冲突或壕沟问题。检验结果发现，在管理者低或高持股区域，管理者持股与审计师规模选择负相关，而在中间层区域，管理者持股与审计师规模选择弱正相关。Lennox（2005）的研究结论不仅为外部审计的监督和保证机制的作用提供了直接证据，同时也为管理者持股的代理问题或对企业绩效的影响提供了间接证据。

Mitra et al.（2007）研究发现管理者持股与审计费用负相关。Griffin et al.（2008）从审计费用与公司治理的内生性角度出发，验证了管理者持股与审计费用正相关。

（2）国内研究

国内有关代理型公司治理问题与审计的经验文献较少，没有学者专门就管理者激励与审计的关系进行研究。

李明辉（2006）对我国深沪两市 2002 年 7 月到 2004 年 6 月间 IPO 的 179 家公司的代理成本与审计师选择关系进行了研究，发现管理层持股比例与是否选择大规模审计师呈倒 U 形关系，其管理者包括公司董事、监事和经理人员。肖作平（2006）以审计费用作为审计质量的指标，对 2003 年 1 156 家非金融深、沪上市公司公司治理与审计质量关系进行了研究，没有发现管理者持股对审计质量有影响。

王艳艳、陈汉文和于李胜（2006）用管理费用与总资产的比例代替股东与管理层之间的代理冲突的大小，发现该比例越大，上市公司越有可能选择“四大”审计。

（3）小结

代理型公司治理问题与审计的经验研究主要以高管激励对公司

代理冲突程度影响为自变量解释审计需求或审计质量的变化，而我国对该类问题的研究较少。对于高管激励，大多数学者都是单独就会计合约报酬或持股激励对审计质量的影响进行研究，其中持股激励又占多数，只有 Chow（1982）、Francis and Wilson（1988）、Gul，Chen and Tsui（2003）等几位学者同时考虑了会计合约报酬和持股激励。就研究结论而言，西方学者除 Chow（1982）、Palmorose（1984）认为高管激励对审计没有影响，Eichenseher and Shields（1986）认为高管持股对审计质量需求影响为正外，其他都认为高管持股对审计质量需求为负、会计合约报酬对审计质量需求为正。我国两位学者（李明辉，2006；肖作平，2006）关于高管持股对审计质量需求的影响结论不一致。

2.3.2 剥夺型公司治理问题与审计的经验研究文献回顾

（1）国外研究

在世界大多数国家，上市公司股权相对或高度集中，通过金字塔持股或交叉持股，在投资者的法律保护较好的环境下，控股股东的存在可能是较好的公司治理安排，有利于抑制股东与管理者之间的冲突，减少代理成本（Shleifer and Vishny，1997）。但在投资者的法律保护不好的环境下，控股股东与小股东的代理问题变得严重（La Porta，Lopez-de-Silanes，and Shleifer，1999；Fand and Wong，2002）。此时，公司治理的董事会或接管机制难以发挥治理的效果，因此外部审计作为监督和保证机制可能发挥降低代理成本的作用（Jensen and Meckling，1976）。Francis and Wilson（1988）发现所有权稀释度与变更为品牌审计师显著负相关。

Backman（1999）的研究表明，在东亚转轨经济中，企业的代理冲突不能引发对高质量审计的需求，控股股东缺乏雇用高质量审计师的动机，他们甚至有可能雇用低质量审计师以降低外部监督作用，并将这种需求不足归因于投资者法律保护的不足，以及家族企业中“关系型”交易和政治“寻租”行为①。

Ashbaugh and Warfield（2003）考察了德国上市公司的外部审计角色。在德国，公司债权融资多于股权融资，该研究把德国审计师按市场份额分成市场份额最大的两个审计师与其余审计师两类，发现对市场份额最大的两个审计师的需求与公司债权人、分散的股权持有者（是否在多个交易所交易）、国外经营实体正相关，而与家族或个人集中持股（大于5%）负相关，从而认为外部审计在有不同的利益相关者相机治理的公司中扮演公司治理的角色。

Fan and Wong（2005）研究了东亚新兴资本市场八个经济体公司中的外部审计的公司治理角色，发现控股股东与小股东之间代理冲突越严重的公司越可能聘用“五大”审计，聘用“五大”审计的公司的市场反应也好，“五大”在收取审计费用和出具审计报告时也会考虑这类代理问题。

Palmorose（1984）没有发现所有权稀释度与审计师选择有显著关系，O'Sullivan（2000）对英国的大公司的研究也没有发现大股东或机构持股对审计费用有显著影响。

（2）国内研究

王跃堂和赵子夜（2003）对1998年到2001年间我国上市公司股权结构对审计意见的影响进行了研究，在控制了公司规模、财务风险、经营业绩、盈余管理、审计师规模、关联交易及审计费用后，发现相对于法人股，当第一大股东为国有股时，公司更容易获得标准无保留意见，当第一大股东与其他法人股东的股权差距越大时，股权制衡度越低，内部人控制程度越高，公司被出具非标准无保留意见的可能性越小。

孙铮和曹宇（2004）从审计需求的一般理论出发，检验了

① 王艳艳，陈汉文，于李胜．代理冲突与高质量审计需求——来自中国上市公司的经验数据［J］．经济科学，2006（2）．

2001年我国上市公司股权结构对上市公司管理人员选聘审计师的影响，结果表明，国有股、法人股及境内个人股股东促进上市公司选聘“四大”的动力较小，而境外法人股及境内个人股股东为了维护自身的利益会促使上市公司管理人员选聘“四大”审计，且境内个人股股东对管理人员选聘审计师的影响更大。

曾颖和叶康涛（2005）考察了我国2001年和2002年A股上市公司股权结构与外部审计需求之间的关系，结果表明第一大股东持股比例与企业价值呈U形关系，而与外部审计需求呈倒U形关系。在控制内生性问题后，发现企业聘用高质量的外部审计，确实提高了企业的价值。

岳衡（2006）研究了审计师对大股东占用上市公司资金行为的监督作用，发现随着大股东资金占用程度的加大，审计师更加倾向于出示非标准意见，被出具非标准意见的公司，其大股东占用资金反而更加持续，说明我国的审计师对中国资本市场出现的大股东资金占用问题有一定的认识，但审计意见对大股东引起的代理问题的监督力度较弱，审计意见对投资者的信息含量较少。李明辉（2006）对179家IPO公司的检验，没有发现第一大股东持股比例与审计师的选聘有关。

王艳艳、陈汉文和于李胜（2006）以2001—2003年我国上市公司为样本，通过交叉剩数项，研究了上市公司前十大股东持股比例（股权集中度）与上市公司审计师选择显著正相关，而高质量审计对盈余反应系数有显著影响。

周福源和刘峰（2006）以2002—2003年我国A股上市公司为样本，发现第一大股东持股比例小于50%的情况下，品牌事务所能获取品牌溢价，第一大股东持股比例越高（越低），品牌事务所能获取的品牌溢价越小；第一大股东持股比例大于50%的情况下，品牌事务所无法获取品牌溢价。

肖作平（2006）研究发现，中国上市公司第一大股东持股比例与审计质量呈倒 U 形关系，当第一大股东持股比例在 0 ~ 48.56% 时，审计质量随着第一大股东持股比例的上升而上升，当第一大股东持股比例超过 48.56% 时，审计质量随着第一大股东持股比例的上升而下降；第一大股东性质显著影响审计质量，第一大股东为国家股的公司，其审计质量显著低于第一大股东为其他性质的公司；第二至第六大股东的持股集中度与审计质量显著正相关；国家股比例与审计质量显著负相关；法人股比例与审计质量显著正相关；流通股比例与审计质量显著负相关；发行外资股的公司，其审计质量显著高于没有发行外资股的公司。

张奇峰（2007）用 2001—2003 年我国上市公司数据，检验了公司控制权安排与外部审计需求的关系，发现上市公司控股股东国有性质与选择国际“四大”以及审计费用负相关，这种负相关性主要表现在非经营性国有控股公司中。研究还发现股权集中度与公司聘任国际“四大”的关系具有区间效应，在股权高度集中（第一大股东持股大于 65%）与股权比较分散（第一大股东持股小于 45%）的公司中，激励效应居于主导地位，公司选择“四大”与股权集中度显著正相关，而当第一大股东持股在 45% ~65% 之间时，壕沟效应居于主导地位，公司选择“四大”与股权集中度之间表现为轻微负相关。同时还发现，审计费用与股权集中度呈 U 形的非线形关系，当第一大股东比例不高于 40% 时，审计费用与股权集中度呈轻微负相关，反之，呈显著正相关。

Gul et al. （2007）利用 1996—2003 年数据研究了中国证券市场所有权集中、国外股东、审计质量与上市公司回报差异的关系，发现高质量审计能提高公司特殊回报差异，认为高质量审计有利于提高中国证券市场的信息含量和效率。

（3）小结

大股东与中小股东代理冲突问题与审计质量需求的经验研究主要针对股权比较集中的上市公司，特别是在我国近年来研究较多，代理冲突程度主要以股权集中度（包括第一大股东持股比例和股权制衡）、大股东性质来衡量。我国学者研究结果均发现大股东为国家股或国有股份、股权制衡较差时，上市公司对审计质量的需求不高。大股东持股比例对审计质量需求的影响研究结果不一致，有学者没有发现大股东持股比例与审计需求相关（李明辉，2006），也有学者发现大股东持股比例与审计需求正相关，更多的学者认为大股东持股比例与高质量审计需求存在区间效应。上述研究都发现高质量审计有利于提高上市公司价值、对上市公司会计盈余信息含量具有正向作用。

2.3.3 董事会特征与审计的经验研究文献回顾

O'Sullivan（2000）的研究发现非执行董事的比例与审计费用显著正相关，而 CEO 和董事会主席是否由一人兼职对审计费用没有显著影响。Carcello and Neal（2000）发现董事会中关联董事所占比例越高，审计方对公司财务状况提出质疑的可能性越小，出具的审计意见更为“清洁”。

Beasley and Petroni（2001）发现财产保险公司董事会的独立性与品牌的、有行业特殊能力的审计师聘用正相关。Ireland and Lennox（2001）发现董事会内的非执行董事越多时，越有可能聘用大规模审计师。Lennox（2005）也发现英国非上市公司中非执行董事比例与“五大”的聘用显著正相关，但审计委员会或报酬委员会的设立与“五大”的聘用的相关性不显著，不过因其研究的样本属于非上市公司，设立审计委员会或报酬委员会的公司数量占总样本不到 10%。

Cohen et al.（2002）用实地研究法（field study）研究了公司治理与审计师的审计过程的关系，该研究有利于我们理清审计在公司治理中的角色和地位。公司治理的目标之一是保证良好的财务报告和防止内部人舞弊，包括对内部管理者的激励机制和相应的监督约束机制（Jensen and Meckling，1976），董事会和审计委员会、外部审计都能履行监督约束机制，降低代理成本的作用（Jensen and Meckling，1976；Fama and Jensen，1983；Watts and Zimmerman，1983）。很多学者的研究都发现较差的公司治理结构会影响财务报告的质量、盈余管理、财务舞弊（如安然等财务丑闻），但之前的文献较少研究这两个监督约束机制的相互关系，特别是审计师在审计过程中如何关注公司治理，执业规范也较少要求审计师考虑董事会或审计委员会等公司治理方面存在的风险①。

Cohen et al.（2002）通过对36位经验丰富的审计师的调查发现审计师大多认为管理者是公司治理首要的驱动力量，而董事会和审计委员会在公司治理中的影响力比管理者要小，但当管理者原因引起的审计风险加大，需要更多的监督和约束机制时，董事会或审计委员会又变得重要。

Bedard and Johnstone（2004）研究了盈余操纵风险、公司治理风险与审计计划和审计定价的关系，从另外一个视角研究审计师对公司代理问题的关注。公司治理对审计费用的影响有两种观点：风险基础观（risk-based perspective）和需求基础观（demand-based perspective）。风险基础观认为，公司治理风险越大，审计费用越高；需求基础观认为，公司治理质量越高，越需要高质量的审计服务，审计费用也越高。通过对审计师对客户盈余操纵风险和公司治理风险评估的问卷调查，以计量客户盈余操纵风险和公司治理风险。公司治理风险主要考虑董事会和审计委员会的特征，如董事会或审计委员会的独立性、勤勉程度、专业能力、信息的可获得性等。在控制了客户资产规模、负债比例、资产报酬率、内部控制状况、行业变量后，回归结果发现，高盈余操纵风险伴随着高审计计

① 国际新审计风险准则和我国2007年1月1日开始实施的新审计准则已强调审计师对公司治理层和管理层沟通的并重。

划工作时间和审计费用率，没有发现公司治理风险对审计师的审计计划工作时间和审计费用率有显著影响，但当高盈余操纵风险同时存在时，高公司治理风险会使审计师显著提高审计计划工作时间和审计费用率，研究结果支持 Cohen et al.（2002）的研究结论。Goddard and Masters（2000）研究了审计委员会与审计费用的关系，Keny and Zhou（2007）研究了审计委员会、董事会特征在安达信客户在变更审计师中的角色，结果均支持需求基础观。

Griffin et al.（2008）从公司治理与审计费用的内生性角度出发，构建了以董事会特征为主要回归参数的公司治理工具变量，采用两阶段回归，研究发现公司治理与审计费用正相关，但好的公司治理反过来又可以降低审计风险，进而减少审计定价。

李补喜和王平心（2006）研究了我国上市公司审计费用率与董事会特征的相关性，发现审计费用率与独立董事的规模显著负相关，与董事会的独立性、非独立董事规模显著正相关，与董事会会议次数不相关，与审计委员会的设立、独立董事的薪酬相关性不显著，说明独立董事相对规模较大的董事会支持高质量的审计服务。

2.3.4 其他公司治理机制与审计的经验研究回顾

（1）债权人与审计

Francis and Wilson（1988）、Defond（1992）等用资产负债率（leverage）代表股权持有者与债权人的代理冲突，发现与大规模审计师的聘用显著负相关，Palmorose（1984）、Eichenseher and Shields（1986）、Simunic and Stein（1987）研究也认为长期债务契约的存在会增加对高质量审计的需求。Piot（2001）发现在法国高质量审计能保护债权人的利益，Lennox（2005）发现聘用“五大”的公司资产负债率显著高。而 Fan and Wong（2005）以资产负债率表示被审计客户的风险，发现资产负债率与审计师是否选用“五大”相关性不显著，但在向二级市场进行股权筹资时相关性显著，另外，资产负债率与审计费用、审计意见类型显著正相关。但 Healy and Lys（1986）、Johnson and Lys（1990）对审计师变更前的债务和变更后欲发行的债务进行了区分，当公司变更为低质量审计师时，现存债务索取权价值下降，而提高了股东剩余索取权价值，即当公司拥有越多的债务时，越有可能变更为低质量审计师。

朱小平和余谦（2003）研究我国上市公司财务指标对审计意见的影响，结果显示资产负债率指标对审计师出具审计意见有显著影响，资产负债率越高的公司越有可能被出具非标准类型的审计意见。王跃堂和赵子夜（2003）也发现我国上市公司资产负债率越大越有可能被出具非标准无保留意见的审计报告。李明辉（2006）没有发现我国 IPO 公司财务杠杆对审计师选聘有影响。

（2）新的资本筹集与外部审计

新的资本筹集可能会影响公司对审计师的选择，此时，高质量的审计往往向外部资本提供者传递公司财务健康、股东或管理者与新的外部资本供给者的代理冲突能有效解决的信号。Francis and Wilson（1988）发现变更为品牌审计师与是否进行新的证券筹资显著相关，Pittman and Fortin（2004）检验发现 1977—1988 年美国上市公司在注册前选择“六大”，以保证低债务资本的成本。但 Piot et al.（2007）研究发现法国非金融类上市公司在进行债务资本筹资时，高质量的审计不能降低债务资本成本。

（3）投资者法律保护与外部审计

投资者法律保护是公司治理的重要外部机制（Shleifer and Vishny，1997），当公司的投资者可获得的法律保护较弱时，股东与管理者或债权人之间的代理冲突不能得以解决，外部投资者利益受到侵害，一般认为英美法系国家比大陆法系国家对投资者的保护要好（La Porta et al.，1997，1998）。Francis et al.（2001）研究发现在大陆法系国家，投资者法律保护环境较差的情况下，对审计的需求不强。Choi and Wong（2005）检验了 39 个国家法律环境对外部审计在公司治理中扮演保险和信号作用的影响。研究发现在弱法律环境下，“五大”能扮演较强的公司治理角色，起到对投资者法律保护的作用；另一方面，弱的法律环境又弱化对审计质量的供给和需求。

2.3.5 评价与启示

从上述文献来看，目前的研究对公司治理各种机制与审计需求的关系都进行过探讨，但没有学者把公司各项治理机制结合起来与审计需求进行系统的研究。在我国上市公司股权结构和股权性质相对特殊的情况下，代理冲突表现在多方面，在存在大股东侵害中小股东利益的同时（岳衡，2006），管理者损害股东的现象也很常见（王克敏和王志超，2007；邹海峰和陈晓，2007）。审计能缓解代理冲突行为，如果说上市公司存在高质量审计的自愿需求，则应该是受多方面代理冲突影响的。高管激励在我国已经逐步发展，也是我国上市公司面临问题较多的领域，其不仅是促进公司发展的手段，更有可能是代理问题的一部分（Bebchuk and Fried，2003）。在考察高管激励产生的代理冲突对审计需求的影响时，应该交叉考虑高管激励和其他公司治理机制共同对审计需求的影响。

上述文献主要研究了公司治理特征对审计质量的影响，而对高审计质量对公司价值或财务报告质量的影响较少关注，只有 Fan and Wong（2005）、曾颖和叶康涛（2005）、王艳艳、陈汉文和于李胜（2006）、张奇峰（2007）等对这方面进行了检验。审计作为公司治理外部机制，通过对财务信息进行鉴证，其终极目标主要是降低代理成本，提高公司价值和绩效。高质量审计是公司治理的必要条件而非充分条件，高审计质量并不一定意味着好的公司治理机制，因此，检验高质量审计对公司价值或绩效的影响更具有意义。

本书研究至少可就以下两方面进行完善：（1）把高管激励与

其他公司治理机制[①]结合起来，系统考察与审计需求的关系；(2) 不仅要从高质量审计需求的过程来进行实证检验，更要对高质量审计对企业价值的影响进行检验。

① 在本书中体现在高管权力与高管激励的交叉项检验，按照本书第1章的概念界定，本书从公司实际控制人性质、股权集中度、股权制衡度、独立董事比例、两职兼任等五个方面去衡量高管权力，高管权力与一定的公司治理结构是对应的。

3 理论与相关制度背景分析

本书的研究主题是高管激励与外部审计需求，通过实证检验，探讨诸如企业高管报酬激励机制和审计监督机制是替代还是互补关系、高管激励对外部审计需求的影响等问题。为此，本章3.1将根据企业的不完全合约理论制度的博弈均衡理论，从理论上分析高管激励合约安排与审计需求的关系；3.2将对我国高管激励状况进行介绍；3.3是本章小结，提出后文的安排思路。

3.1 激励与外部审计：基于不完全合约的制度互补

有关企业管理人员报酬安排与外部审计关系的命题应该不是一个新的话题。在有关审计起源的论述中，Boyd认为“只要社会文明化程度发展到一个人受托管理他人的财产，采用一定的程序来检查前者的忠诚性，就变得十分必要”（刘峰，2000）；在文明古国的中国周王朝，每年的年报将呈天子过目，“司会以岁之成，质于天子，冢宰齐戒受质”（郭道扬，1982）。这里虽然都没有论及企业管理者的报酬激励问题，但都涉及管理者作为财产委托人剩余财产的受托经营者，其诚实性受到关注，审计作为一种有效的制度安排，被证明能用来考核管理者的诚实性。Watts and Zimmerman（1986）在《实证会计理论》一书中写道，“早期对公司的审计是为了控制管理人员的费用支出及渎职，而不是为了限制他们的偷工减料。至19世纪，英国经审计的会计报告已成为制定管理者报酬的依据”、“到20世纪50年代，包括美国在内的西方国家企业开始实施与经审计的会计报告相联系的管理者报酬奖励计划”。Jenson and Meckling（1976）在其论文中也写道，“在实践中，人们通常可能花费一些资源来改变所有者、管理者所拥有的支配非金钱收益的机会。这些方法包括审计、正式的控制系统、预算限制以及建立使管理者利益与外部股东利益更为切实认明的激励性补偿制度等”①。但这些论述都没有从合约性质去研究审计与激励报酬合约的关系，本书将首先从不完全合约理论分析经典激励合约的缺陷，然后分析审计作为不完全合约引入企业后，与激励合约达成博弈均衡，在一定条件下将促使激励合约效率优化，同时也说明审计的质量是受环境因素影响的，从而为后文的实证研究提供理论框架。

3.1.1 经典激励合约的概述

早在20世纪30年代，美国学者伯利和米恩斯（Berle and Means）在其著作《现代公司和私有财产》中就提出了著名的控制权和所有权分离问题，即委托-代理问题。分工所产生的效率是现代企业产生的根本原因，但随之而来的是所有权和控制权分离所产生的委托-代理问题。所有者与经营者签订合约，把财产委托给经营者管理，拥有最终财产的所有权与剩余索取权，但却往往没有直接的经营决策权；经营者代理所有者行使经营决策权②，却要所有者承担其决策的后果。由于信息分布的不对称，所有者和经营者都

① 迈克尔·詹森，威廉·梅克林．企业理论：管理行为、代理成本与所有权结构［M］// 陈郁．所有权、控制权与激励——代理经济学文选．上海：上海三联书店，上海人民出版社，2006.

② 早在1927年，伯利（Berle）在其论著《管理层的权力和股东财产》（Management Power and Stockholders' Property）中就提出大公司管理层拥有的权力，并把管理层拥有的权力分成两类：一是与公司的日常运营和财务运作相关的权力；二是决定利润在股东中如何分配的权力。后者实际上使管理层拥有了可以侵害股东财产权的能力。

是有限理性的人，不可能预测到委托代理关系中所有问题，即使能预测到所有问题，也因签订成本太高不可能在委托代理合同中约定双方所有权利和责任，即所有者与经营者之间的委托代理合同是不完全的，在不完全的委托代理合同特定权利之外存在着剩余索取权和剩余控制权①。作为委托人的所有者，其目标是企业价值最大化，理论上作为代理人的经营者应该以最大的努力去实现该目标。然而，经营者也是自身效用最大化的追求者，有可能为了自身的利益而损害所有者的利益②。由于信息分布的不对称、代理人自利和机会主义的动机，就可能导致代理人“败德行为”产生，委托人和代理人利益的偏离和冲突就必然产生代理成本。企业作为一个合约的产物，其最大的特殊性在于它是一种人力资本与非人力资本的特殊合约（周其仁，1996），而体现在人的健康、体力、经验、生产知识、技能和其他精神存量的人力资本的最大特性就在于其所有权只能不可分地属于其载体，这个载体不但必须是人，而且必须是活生生的人；同时人力资本的产权一旦受损，产权的主人可以将相应的人力资产“关闭起来”，以至于这种资产似乎从来就不存在，其价值的高低完全取决于其主体所愿意供给的数量和质量，因此，只有通过激励的方式才能充分调动这种资产的潜能和价值。直到20世纪70年代，委托-代理理论或激励理论③的创立给出了经济学

① 剩余索取权是相对于合同收益权而言的，指的是对企业收入在扣除所有固定的合同支付后的余额（利润）的要求权，剩余控制权是指在合约中没有特别规定的活动的决策权（张维迎，1996）。

② Williamson指出，经营者至少可以通过三种途径来增加自己的收益：（1）通过努力经营增加企业利润以提高自己的工资，这种行为与传统的企业利润最大化模型是一致的；（2）以牺牲公司利润为代价来增加自己的工资报酬，尤其是当他相信企业规模扩大与工资增加相联系时，过度扩大企业规模以追求更高的经济报酬；（3）以牺牲股东利益为代价来追求自己的非经济目标，这些非经济目标体现在较轻的工作压力、漂亮的秘书、豪华的办公装修、修建休假别墅、雇用更多的下属等。其中第（2）种和第（3）种方式都会对股东利益造成不利影响。

③ 代表人物有Wilson（1969）、Spence-Zeckhause（1971）、Ross（1973）、Mirrlees（1974，1975，1976）、Holmstrom（1979，1982）等，见张维迎《企业的企业家——合约理论》。

角度研究激励问题的基本框架①，其核心是如何选择代理人和激励代理人。为了降低代理成本，从委托人的角度来看，最关键的问题在于如何建立和完善代理人的激励机制，将代理人的行为限制在委托人的利益范围之内，达到“激励相容”的目的。

在20世纪80年代中期之前的经典委托代理与激励理论框架内，合约是完全的，委托人有足够的理性，不仅可以预期未来或然事件，而且还可以识别当事人之间的风险偏好差异，在事前规定了各种或然状态下当事人的权利和责任，从而总能设计出不需要事后再谈判过程的最恰当或最优的激励合约，合约的重心是事后的监督问题。这些完全合约借助审计、正式的控制系统、预算限制等监督约束活动降低代理成本（Jenson and Meckling，1976），委托人不仅可以实现与代理人之间的最佳风险分担，而且也最大限度地获得激励代理人的好处。审计是作为企业合约的监督工具而产生的（Watts and Zimmerman，1986），可见在完全合约观下，审计只不过是企业所有者与高管报酬安排合约中的一道控制“工序”。

3.1.2 不完全合约与经典激励合约的缺陷

（1）经典激励合约的不完全性

科斯（1937）开创性地提出了交易费用的概念，张五常（1983）、威廉姆森（1985）、克莱因（1978）等对科斯企业合约理论的交易费用流派进行了拓展。他们的研究表明，源于人的有限理性和机会主义倾向，现实的交易中存在大量的交易费用，如搜寻费用、预测费用、签约费用和执行成本等，交易费用的存在导致有关

① 实际上关于经营者的激励问题在古典和新古典经济学中就有涉及，只不过不像委托代理理论具有严格假设和正规模型，如亚当·斯密在《国富论》中论道，公司的缺点是“经营者缺乏责任心，经营上难免出现疏忽或浪费”；穆勒在《政治经济学原理》一书中也认为公司的缺点主要体现在公司缺乏有效的激励机制从而导致企业的经营管理队伍缺乏工作热情；新古典经济学代表马歇尔认为为使代理人的行为不偏离利润最大化目标，委托人必须对代理人实施激励。

交易的合约存在缺口或漏洞，即合约是不完全的[①]。Grossman and Hart（1986）、Hart and Moore（1990）的不完全合约理论认为由于相关变量的第三方（尤其是法院）的不可证实性使得合约是不完全的，不可能在初始合约中对所有的或然事件及对策作出详尽的规定[②]。

经典委托代理或激励理论以完全合约为基础，委托人总能设计出适当的激励计划以实现当事人利益的最大化，而我们现实中看到的却是激励与业绩的背离，这也是学者们广泛开展对经营者激励问题的实证研究的原因之一。现行企业制度安排决定了以业绩为基础的经营者激励合约是不完全的，不可能在初始的合约中就所有激励相关问题作出详尽的规定，在激励合约的签订、履行过程中总会产生新的代理冲突问题。本书以一个简单的线性激励模型来分析现行制度安排对激励合约完全性的影响[③]。设 e 为代理人[④]的努力程度，c（e）为代理人努力的成本，π 为代理人产生的货币收入，x 为委托人可观察到的代理人行为结果，θ 为不受委托人和代理人控制的随机变量，s 为代理人的激励报酬。委托代理问题的核心是设计一个激励合同 s（x）对代理人进行奖惩，以实现双方利益的最大化。由于激励是线性的，$s(x)=\alpha+\beta\pi[x(e,\theta)]$，α 为代理人的固定报酬部分，β 为激励强度。代理人不愿意也缺乏能力承担风险，假定其属于风险规避型，δ 为代理人的风险规避系数，委托人属于风险中性。U_1 为代理人的效用函数，具有不变绝对风险规避

① Tirole（1999）把导致合约不完全的交易成本分成三类：一是预见成本，即当事人由于某种程度的有限理性，不可能预见到所有的或然状态；二是缔约成本，即使当事人可以预见到或然状态，以一种双方没有争议的语言写入合约也很困难或者成本太高；三是证实成本，即关于合约的重要信息对双方是可观察的，但对第三方（如法庭）是不可证实的。

② 更多不完全合约理论综述可参看张维迎（2004）《企业的企业家——合约理论》、陈志俊（2000）《不完全合约理论述评》、杨瑞龙和聂辉华（2006）《不完全合约理论：一个综述》。

③ 可参看张维迎（1996）《博弈论与信息经济学》第 431 ~ 440 页。

④ 代理人即经营者，委托人即所有者，下同。

特征，$\overline{U}_1$ 为代理人要求的最低效用；U_2 为委托人的效用，$\overline{U}_2$ 为委托人要求的最低效用。

代理人的决策为：

$$\max EU_1=\alpha+\beta\pi[x(e,\theta)]-c(e)-\frac{1}{2}\delta\beta^2 Var(\theta)$$ ①

$$s.t.\ EU_1\geqslant\overline{U}_1 \tag{3-1}$$

委托人的决策为：

$$\max EU_2=\pi[x(e,\theta)]-\alpha-\beta\pi[x(e,\theta)]$$

$$s.t.\ EU_2\geqslant\overline{U}_2 \tag{3-2}$$

上述激励合约的不完全性主要表现在以下几个方面：

①委托权安排的不确定性。委托代理理论关注委托和代理双方当事人决策过程，并假定所有者外在地行使委托人的权力（张维迎，1995），与经营者签订激励合同。所有者不能亲身参与公司的经营活动②，把签订激励合同的权力进一步授权给董事会。为了避免董事会中内部董事或外部董事的权力舞弊给企业效率带来损失，各国都要求上市公司必须引入独立董事，并由独立董事占多数成员的薪酬委员会负责审核、制订薪酬计划。问题是董事会和独立董事作为所有者的代理人，并不能真正代表所有者的利益。董事会和独立董事享有剩余控制权，实际上是经理层的组成成员③（谢德仁，2004），表面上是他们代表所有者与经营者签订激励合同，实质上可能是经营者自我签订合同，委托人的激励效用 $\max EU_2$ 和参与约束条件 $EU_2\geqslant\overline{U}_2$ 难以实现；经营者自我签订合同必然制定有利于自身的激励强度 β，由于 $\delta>0$，不仅使所有者的激励效用难以实

---

① $\frac{1}{2}\delta\beta^2 Var(\theta)$ 为代理人的风险成本。

② 所有者不能亲身参与公司经营的原因，一方面是其所拥有的知识、能力有限，另一方面是参与成本限制，导致“搭便车”。

③ 按照公司治理资源依赖观，董事会的首要角色从监督者转变为经营者合作共同制定政策和战略（Baker and Dwight，2002），与谢德仁（2004）的观点一致。

现，整体效用 $\max(EU_1+EU_2)=\pi[x(e,\theta)]-c(e)-\frac{1}{2}\delta\beta^2 Var(\theta)$也将随激励强度的增大而降低。

②信息的不对称和不完全性。合同的签订、履行、监督离不开信息，所有者或所有者授权的董事会与经营者之间的信息不对称，决定了激励合同也是不完全的。即使董事会能真正地履行监督职能①，经营者也因具有信息优势而拥有实际权力，不考虑知识、能力局限，拥有正式权力的董事会将遵循经营者的建议（Aghion and Tirole，1997），如在选择什么业绩指标能反映企业真实经营状况、会计政策的运用、企业现金流健康度等方面，经营者将采取有利于自身的策略，而委托人的激励约束 $\max EU_2$ 和参与约束条件 $EU_2\geqslant\bar{U}_2$ 难以实现。

③人的有限理性。企业经营业绩 $\pi[x(e,\theta)]$ 除受经营者努力程度 e 影响外，还受随机变量 θ 的影响，由于人的有限理性，不可能预测所有随机变量的影响。当随机变量的变动影响经营者的激励报酬时，会产生激励不足问题或偷懒行为，如管理者为了获得高额激励报酬而放弃好的投资项目、保持过度现金流。上述三个方面使得激励合约的激励相容难以实现，所有者和经营者之间的代理冲突问题将变得更加复杂，合约的效率将大大降低。其中，委托权安排的不确定性可以通过信息的完全和对称化解，也可能通过信息的不对称和不完全而加深，经营者自我签订激励合同的真实信息一旦披露，其他利益相关者或市场力量会对此采取措施进行纠正，如美国就多次发生股东向法院起诉高管高额薪酬，法院不支持高管薪酬的自我交易行为。Himmelberg and Hubbard（2000）认为经理人在报酬安排中的权力“寻租”行为最终要受到“愤怒成本”的限制，这种愤怒会通过经理人的职业声誉、机构投资者的不满、工会

① 正如 Fama and Jensen（1983）将企业决策控制、监督权与决策经营、执行权分离，并分别由董事会和经理人所享有。

的抗议等途径进行传递，来制约经理人报酬增加的行为，而对“寻租”行为的识别、信息的传递是“寻租”行为能通过“愤怒成本”进行限制的前提。

（2）激励合约的异化

合约的不完全性将导致激励合约的异化，诱发经营者各种形式的机会主义行为，激励合约不仅不能解决所有者与经营者之间的代理冲突问题，其本身也可能成为代理问题的一部分，如图 3-1 所示。合约的不完全性，使所有者对经营者的激励异化成经营者对经营者的自我激励，异化的形式既可能在激励合约制定过程中产生，也可能在激励合约的执行过程中产生。

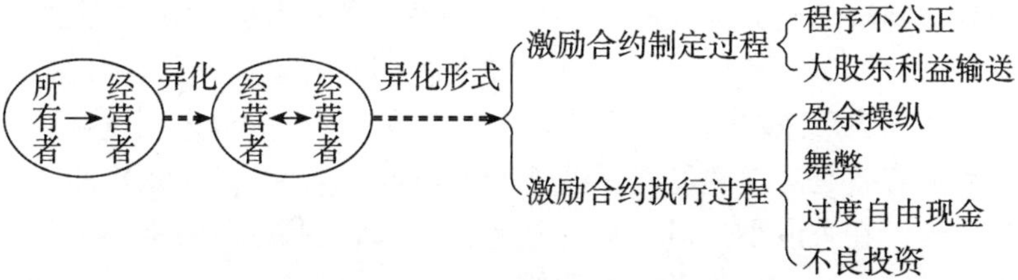

图 3-1　激励合约的异化

激励合约的制定过程中最主要的异化问题是激励报酬制定的程序不公正性和大股东利益输送问题。程序公正性是指激励报酬合约程序的独立性和信息的公开披露。独立性就是要保证利害关系人不以自身利益为目标决定报酬制定的程序，在报酬制定过程中不存在自我交易行为，报酬的制定应获得无利害关系人的同意；信息的公开披露就是要保证激励报酬制定相关信息及时、完整向所有者及其他利益关系人披露。管理者利用报酬计划“寻租”，当“寻租”行为暴露或者控制权转移时，会产生对管理者不利的后果。因此，为了避免或最小化外部人识别“寻租”行为和程序不公正性，管理者有足够动机去隐藏和合法化甚至伪装“寻租行为”（Bebchuk and Fried，2003）。因此，激励报酬信息的公开披露既是向股东提供投资决策相关信息的需要，也是通过信息的披露，促成市场力量对经营者报酬制定程序公正性进行监督的需要。

然而现实中，由于合约的不完全性，经营者激励报酬制定机构——公司董事会或薪酬和考核委员会，甚至薪酬顾问，通常由经营者所控制。例如据《纽约时报》2002 年所做的一个调查，在2 000家美国大型上市公司中，有 420 家上市公司的薪酬与考核委员会中含有上市公司经理层或关联人员，这显然降低了薪酬和考核委员会的独立性和有效性。对于报酬制定的信息，经营者对此也尽量做到少披露甚至不披露，例如尽管我国相关法规对经营者报酬信息的披露进行了强制性的规定，但大多数上市公司的对经营者报酬信息披露缺乏充分性、透明性。在股权相对集中的公司中，大股东享有公司控制权和对经营管理者的任命，侵占上市公司资金，把公司利益向大股东输送。当经营者来自大股东时，大股东利益输送的一种形式就是高额的经营者报酬，如 Cheung et al.（2005）的研究就发现，在香港小公司和家族企业中，管理者报酬就可能是控股股东“掠夺”中小股东的一个手段。

激励合约的执行过程中产生的异化形式主要包括盈余操纵、舞弊、过度自由现金、不良投资等几个方面。激励报酬合约一般以短期会计业绩为基础，这为经营者利用会计政策进行盈余操纵提供了动力，甚至采用舞弊手段制造虚假的会计业绩，以获取高额报酬。激励报酬是以现金支付的，高额的报酬必须有足够的现金可支付，经营者为了兑现自身的报酬，有可能减少当前的必要投资和对股东的分红，预留大量现金，而过度的自由现金会导致代理成本的上升(Jenson，1986)。一些投资前景好、预期现金流入大的投资项目却因可能影响公司短期会计业绩，进而影响以会计业绩为基础的经营者激励报酬，而被否决掉，使企业丧失未来发展机会；相反，一些可带来短期会计业绩改善，但对企业业绩改善没有持续性好处的不良投资项目，因能提升经营者的激励报酬而被采纳。

3.1.3　外部审计合约的引入：一种制度性互补

上文分析了经典委托代理或激励理论的不完全性，不完全性使激励合约存在缺口和漏洞，甚至发生异化，难以实现激励合约的激励相容，从而导致激励无效。在以交易费用或代理成本为特征的不完全合约理论或代理理论中，审计被看成事后监督约束活动，降低代理成本（Jenson and Meckling，1976；Hart，1995），以修正激励合约存在的缺口和漏洞。不过，他们认为审计是作为企业合约的监督工具而产生的（Watts and Zimmerman，1986），是激励报酬安排合约中的一道控制"工序"，而没有从审计的合约性质去理解审计在企业合约中的作用。

（1）审计的合约性质

在审计发展的漫长历史中，对审计本质的认识，大概有查账论、过程论、经济监督论、经济控制论（蔡春，1993）。自科斯（1937）等学者开辟合约理论后，学者们开始从合约角度关注审计的本质。企业是一系列合约的结合体，审计因合约而产生，因合约而发展，审计本身也是企业一系列合约的组成部分。Antle（1982，1984）从代理理论出发，把所有者作为委托人，把管理者和审计师均作为代理人，用一个三方博弈模型论证了最优均衡解的存在。Douglas 等人（1996）在《审计概念与方法——现实理论与实务指南》一书中强调审计师因审计服务产生的审计关系决定于审计合约，这里的审计合约指审计约定书意义上的合约。审计制度是一种合约安排，是审计关系相关各方权利、责任、利益及基本行为规范的约定，其基础工作是促进信息质量的改善，减少逆向选择和道德风险（张立民，2002）。冯均科（2003）把审计关系解构为三个有先后缔约顺序的合约组成的合约链，这三个合约分别是审计委托人与被审计人之间的奠基性合约、审计委托人与审计人之间的主体性合约、审计人与被审计人之间的辅助性合约。审计就是在委托人与被审计人发生关系时因对会计报告和有关信息的检查、鉴证而发展起来的，审计委托人与审计人的合约是围绕鉴定会计报表展开的，包括审计责任、管理责任的界定，审计范围、审计目的、审计依据、审计标准等，审计委托人与被审计人之间的合约在一定程度上规定了这些内容（冯均科，2003）。

由于人的有限理性和信息的不对称，审计合约同样也是不完全的，审计合约的签订、履行、监督是讨价还价或博弈的过程。审计合约的不完全性表现在：

①审计合约当事人在审计签约时，甚至在审计结束后，对审计报告所应具有的审计质量无法验证。审计师提供审计服务不像一般的工业企业提供实物产品，实物产品的质量规格可以通过双方的协商进行明文规定，并能对实物产品的质量进行验证。正是审计质量的不可验证性，才可能出现审计师承担责任的“深口袋”理论，当被审计客户出现财务上的危机时，审计师往往被法院判为危机的“替罪羊”，而实际上审计师没有出现过失行为。

②审计关系的不可确定性。现行审计理论在讨论审计关系时，一般把所有者作为审计委托人，经营者和审计师分别作为被审计人和审计人，而实际上在股权集中的公司中，大股东侵占中小股东利益的行为所产生的代理冲突变得重要，此时审计关系发生异化（陈关亭，2004）。在审计为潜在的股东或社会公众服务的概念之下，审计委托人的范围变得更加模糊和不确定。

③审计师的独立性、公正性常常受到干扰。作为审计主体，审计师与其他经济人一样有自利倾向，其他审计关系人对审计过程加以干涉，对审计师产生“敲竹杠”行为（潘琰和辛清泉，2003），甚至与审计师合谋，可能会造成对审计质量不利的结果或影响。

与企业其他合约，如激励合约不同的是，审计合约的当事人已经超越了单个企业组织的边界，形成跨组织域、交易域的合约①。作为审计主体的审计师和审计委托人、被审计人属于不同的企业组织或中介市场，如果从利益相关者的角度看，甚至审计委托人和被审计人也可能隶属于不同的经济组织或博弈域②。这也是企业外部审计与内部审计有差异的地方，内部审计的当事人都在同一个企业组织内部，人们通过强化信誉机制、行业自律、政府监管等制度安排对外部审计合约的不完全性产生的漏洞进行修正。

（2）现代审计功能的拓展

审计的合约性质决定了现代审计在企业中的角色和功能从财务报表鉴证过渡到公司治理机制，从信息合约过渡到治理合约。审计潜在地降低了信息不对称性，并使市场更有效率（Beaver，1986），审计师的预期作用在于监督高级管理人员的信息揭示，这种信息被投资者用于投资决策中（韦森，1978）。随着企业合约理论的发展，人们认识到信息及信息披露在合约制定、履行、监督过程中的作用，审计师的知识、能力决定了审计在企业信息合约中发挥多大作用。审计的产品绝不仅仅是一份简单的审计报告了，而应当是客户定制化的一整套信息产品（陈汉文和谭志刚，2002）。在20世纪以前，审计以查错防弊、破产清算为主要内容。20世纪初期，随着企业规模的扩大，财务报表鉴证逐渐成为审计的主要内容，特别是1933年、1934年美国颁布《证券法》和《证券交易法》，要求上市公司财务报表进行审计，开创了财务报表的法定审计时代③，对以股东为主的投资者利益的保护产生了重要作用。21世纪

① 青木昌彦（2001）在《比较制度分析》一书中，将各种活动参与人集合与每个参与人在随后各个时期所面临的技术可行的行动集合划分为不同的域，不同域的博弈均衡就形成不同的制度安排。其中组织域的范围指单个企业内部，交易域的范围指不同的企业组织之间或市场，审计师作为独立中介与审计委托人、被审计人属于不同的域因。

② 从利益相关者角度看，审计委托人是不确定的，现有股东、潜在投资者、政府监管部门都有可能成为审计委托人。

③ 1844年英国议会通过的《公司法》要求公司的报表需经股东以外的审计师审计，比美国20世纪初期的强制性审计要早。

初期，美国安然事件等公司财务丑闻爆发，引发了各国对外部审计承担的传统审计监控职能及在治理中发挥进一步作用的重新审视和思考。2006年我国颁布了新的《中国注册会计师执业准则》，首次专设了与治理要求相关的准则《中国注册会计师审计准则第1151号——与治理层的沟通》，表明了我国把外部审计作为公司治理机制之一和对外部审计合约治理导向内涵的认可。在治理合约导向下，外部审计被要求考虑更多的利益相关群体的需求，如既要满足现有股东信息使用要求，尤其是中小股东，也要考虑资本市场上潜在投资者交易信息需求，以及债权人、职工，甚至是政府税收征管和监督部门等的合理需求。减少信息不对称，不仅仅是针对财务信息，更多是致力于公司各个方面信息的监控，尤其从20世纪80年代起，电子商务、新的信息手段、IT产业的不断兴起，使审计师的服务在内容上得到更多的拓展，这些信息都可能构成独立审计合约约定服务的内容（车宣呈，2007）。激励作为重要的公司治理机制，有关经营者激励与报酬的信息也成为公司重要的经营信息，关系到公司的持续发展，公司激励合约信息有必要也有可能成为审计合约关注的内容。

（3）激励与外部审计：一种制度互补性

从上面的分析可知，经典激励合约的不完全性将导致激励相容难以实现。尽管审计合约也具有不完全性，但它与激励合约不同，审计合约当事人分别隶属于组织域、交易域，而激励合约当事人属于单一组织域，这为通过强化信誉机制、行业自律、政府监管等制度安排对审计合约加以治理，从而达到激励合约与审计合约的博弈均衡①，实现激励合约的目标创造了条件。

以科斯（1937）为代表的合约理论把企业看成一系列合约的联

① 不排除审计合约和企业其他合约达到博弈均衡，如审计制度的安排有利于降低大股东与中小股东之间的代理冲突。

合体，但不能解释不同合约之间的关联关系。青木昌彦（2001）从博弈均衡观将制度定义为关于博弈如何进行的共有信念的一个自我维持系统。经济是由不同的域组成，多重制度可能共存于一个域中，也可能跨域而演化，制约着人们在某特定域或多个域的相互作用。这种关于制度的均衡观的重要优势在于，它使得研究内生于多个域的制度甚至制度之间的多重关联性在分析上成为可能。制度互补性是指经济活动参与人无法在不同的域协调其策略决策，但他们在某个域的决策在参数上受到另外的域现行决策的影响，某个域的参与人面对另外域的制度参数作出的策略决策也会对另外域的参与人产生反馈作用，制度间共时性相互依赖可能会作为每个博弈域的均衡结果而出现。制度互补性意味着富有活力的制度安排，当然制度互补不一定是帕累托最优，但至少能克服单个域制度安排的无效率。

在激励合约中，由于合约漏洞和异化的存在，单个合约不可能事先形成有效率的制度安排。单一企业组织域中的激励合约和跨组织域、交易域的审计合约形成均衡存在，激励合约中的参与人在签订、履行激励合约时以审计合约中参与人的决策为制度背景，反之，审计合约的签订、履行也受激励合约中参与人决策影响，在外在信誉机制、行业自律、政府监管等制度安排下，两个合约可形成有效率的制度均衡。

以下通过一个简单模型分析①，以 D 和 G 分别表示激励合约和审计合约，分别属于单一组织域和跨组织域、交易域，D 的主要参与人为所有者和经营者，G 的主要参与人为所有者、经营者、审计师。D 中参与人决策 σ 假定可以是：所有者决策集 σ_1 = {激励，不激励}，经营者决策集 σ_2 = {偷懒，努力}。G 中参与人决策 γ 假定可以是：所有者决策集 γ_1 = {不监督，监督}，经营者决策集 γ_2 = {提供真实信息，提供虚假信息}，审计师决策集 γ_3 = {提供

① 参看青木昌彦（2001）《比较制度分析》第 229 ~ 233 页。

高质量审计，提供低质量审计}，分别用σ^{*}、σ^{**}和γ^{*}、γ^{**}表示D和G中参与人不同的策略决策。D中参与人的效用函数为$u_i(\sigma_i: \sigma_j, \gamma)$，$i \neq j$，$i, j = 1, 2$；G中参与人的效用函数为$v_k(\gamma_k: \gamma_e, \gamma_f, \sigma)$，$e, f \neq k$，$k, e, f = 1, 2, 3$。每个合约中参与人的决策受同一合约中其他参与人决策影响，同时也受另一合约中参与人决策影响。如当G中审计师采用提供低质量审计决策时，经营者将提供低质量信息，D中决策很可能是激励-偷懒，反之，当D中决策是激励-偷懒时，G中审计师采用提供低质量审计决策时，经营者提供低质量信息的可能性也大。如果σ_j，γ中任何一个变量从σ_j^{**}，γ^{**}变成σ_j^{*}，γ^{*}①，对于所有的i和$j \neq i$，效用函数之差$u_i(\sigma_i^{*}: \sigma_j, \gamma) - u_i(\sigma_i^{**}: \sigma_j, \gamma)$将增大，则认为策略从$\sigma_i^{**}$到$\sigma_i^{*}$的转变带来边际收益的增加；如果该策略变化正好伴随$\gamma^{**}$到$\gamma^{*}$的变化，则认为$u_i$为超模函数，上述条件为超模条件或互补性条件，D和G将达成纳什均衡（σ^{*}，γ^{*}），并称之为制度互补②。同理，假定对G中参与人效用函数的分析也能得到互补性条件，并达成纳什均衡，比如（σ^{**}，γ^{**}），D和G将存在多重均衡。对于多重均衡的存在，整体性制度安排可能不是帕累托相互兼容的，如在激励报酬合约和审计合约博弈中可能形成激励-偷懒-

① 也可从σ_j^{*}，γ^{*}到σ_j^{**}，γ^{**}进行变化。

② 为了通过上述分析能更好地理解超模条件或互补性条件的概念，假设D参与人的决策为$\sum^{*}$或$\sum^{**}$，G参与人的决策为Λ^{*}或Λ^{**}，D和G中参与人效用函数相同，分别为u、v。对于D和G，如果下述条件成立：

$$u(\sum^{*}; \Lambda^{*}) - u(\sum^{**}; \Lambda^{*}) \geqslant u(\sum^{*}; \Lambda^{**}) - u(\sum^{**}; \Lambda^{**}) \quad (1)$$

$$v(\Lambda^{**}; \sum^{**}) - v(\Lambda^{*}; \sum^{**}) \geqslant v(\Lambda^{**}; \sum^{*}) - v(\Lambda^{*}; \sum^{*}) \quad (2)$$

式(1)和式(2)就是D和G的互补性条件或超模条件。式(1)意味着当D的参与人面临的审计合约结果是Λ^{*}而不是Λ^{**}时，选择$\sum^{*}$而非$\sum^{**}$的边际收益将增加；式(2)意味着G的参与人面临的激励合约结果是$\sum^{**}$而不是$\sum^{*}$时，选择Λ^{**}而非Λ^{*}的边际收益将增加。在上述互补性条件或超模条件下，D和G的系统将存在两种纳什均衡，即($\sum^{*}$，Λ^{*})和($\sum^{**}$，Λ^{**})，D和G是互补的。

提供低质量审计和激励-努力-提供高质量审计的两种均衡状态，显然第一种均衡对所有者或企业整体来说意味着低效率。

从上面分析可知，制度互补性只是为激励合约和审计合约的共存提供一个博弈路径，而要达到一个更有效率的制度安排，还取决于审计合约的效率，即审计市场信誉机制、行业自律、政府监管等制度措施。也就是说，单独考虑激励合约时，由于合约的不完全性，激励合约异化，难以实现激励相容和合约效率；引入审计合约，有利于降低信息不对称性，修正激励合约的缺口和漏洞，减少合约的异化；但审计合约也是不完全的，两个合约之间是共时博弈均衡，存在制度互补性；审计合约与激励合约不同的是，激励合约参与人属于同一个组织博弈域，而审计合约参与人跨组织博弈域和交易博弈域，通过强化外在的信誉机制、行业自律、政府监管等制度措施可以改善审计合约，从而实现治理激励合约和提升合约效率的目的。

3.1.4 高管激励与外部审计需求：审计师选择与审计意见的一般分析

上文对激励合约与审计合约的互补性进行了理论分析，而对我国上市公司激励合约与审计合约是否达到有效率的制度均衡的研究是个实证检验的问题。按照《中华人民共和国公司法》（以下简称《公司法》）和《上市公司治理准则》的规定，我国上市公司审计师的聘用、审计费用的支付等决策由股东大会或董事会，或者由董事会下属的审计委员会所行使，实际上审计决策就是股东、董事会成员、高管等之间根据各自利益进行博弈的决策过程。本书研究的主题是高管激励与外部审计需求的关系，探讨高管激励是否要求高质量的审计，外部审计能否识别高管激励报酬合约安排中存在的异化或代理冲突行为，并出具合理审计意见，高管为了达到在激励报酬合约安排中的私人目的，是否存在收买审计师的行为等问题，对外部审计的需求决策也就是股东和高管选择最有利自身在激励合约中效用最大化的审计策略。本书选取审计师选择，即是否聘用国际“四大”或国内“十大”，以及审计意见作为审计质量的测度，对高管激励与审计需求的关系进行实证检验。对于激励合约的异化行为，主要选取盈余操纵的关注，检验审计师对高管激励报酬诱发的盈余管理行为是否进行合理关注。在附录中，也就高质量审计对程序公正性的关注进行了检验。

（1）审计师选择

股东和高管在决定是否聘用国际“四大”或国内“十大”时的策略是一致的，但决策依据可能不同。股东决定是否聘用国际“四大”或国内“十大”主要根据监督收益。根据审计需求的代理理论假设，高质量审计能够对经营情况进行核实，减少高管在激励报酬安排中的机会主义行为，股东对国际“四大”或国内“十大”具有自愿性需求。而高管也可能倾向选择国际“四大”或国内“十大”，因为这类审计师具有信号传递作用。国际“四大”或国内“十大”有着良好的品牌和声誉效应，审计质量也较高，选聘该类审计师就向市场或股东传递高管提供的财务信息质量较高、经营状况较好、高管在激励安排中没有机会主义行为等信号，从而就会获得股东给予的努力工作的报酬补偿。

（2）审计意见

根据信息传递假设，审计意见具有信息传递作用，股东和高管在审计意见的需求决策上不一致。审计意见是审计师根据审计过程中的审计风险和可容忍程度出具的，当高管在激励安排中存在机会主义行为时，审计师可能出具非标准的无保留审计意见，反之，则可能出具标准无保留审计意见。股东希望审计意见能合理反映高管是否具有机会主义行为，并参考审计意见信息进行决策。而高管总是希望审计意见是标准无保留的，向股东或市场传递企业经营状况良好的信号，维持公司市场形象，获得当期或后续期间报酬的稳定性。当审计师出具非标准无保留审计意见时，意味着出于获取高额报酬的考虑，高管有可能收买审计意见。

3.1.5 小 结

由于委托权安排的不确定性、信息不对称和人的有限理性，基于经典激励理论的现代企业激励合约具有不完全性，并导致激励合约的异化，在激励合约的制定和执行过程中产生一系列的代理冲突问题，难以实现激励合约效率。审计合约与激励合约具有制度互补性，二者不同的是，激励合约参与人属于同一个组织博弈域，而审计合约参与人跨组织博弈域和交易博弈域。通过强化审计市场信誉机制、行业自律和政府监管等其他制度措施，审计合约与激励合约可以形成有效率的制度均衡。以审计师选择和审计意见作为审计质量的测度，可对我国上市公司激励合约与审计合约的制度互补性进行实证检验。

3.2 相关制度背景分析

为了给后文的实证检验提供制度依据，本部分内容主要对现行高管激励报酬的特征、管制、信息披露等方面进行总结、分析。在各个国家间、不同产业间和不同企业间，受文化和历史的不同影响，高管报酬总额、形式虽然不相同，但其基本构成是相同的，一般包括固定薪酬和具有激励效应的变动薪酬（Murphy，1998；张建森，2002）。

3.2.1 西方国家高管报酬特征

西方国家上市公司高管报酬的制定通常由董事会下设的薪酬委员会提出，在征求薪酬方面的咨询专家的意见后，由董事会通过（张雪岷，2006）。高管的报酬组成包括以下几种形式：

（1）固定薪酬

固定薪酬反映了经理人的市场竞争力，如年龄、经历、学历和经营业绩等，同时也反映了经理人薪酬与企业规模之间的关系。固定薪酬通常是经理人雇用合同中主要条款之一，一个风险厌恶型的经理人更偏向于其薪酬中固定收入的增加。固定薪酬同时也是薪酬中多数其他成分的标准，如年金一般表示为固定薪酬的百分比，期权表示为固定薪酬的乘数，退休金和离职安排也基于固定薪酬的水平。因此在固定薪酬上每增加一块钱，会带来其他薪酬成分的溢出效应（Murphy，1999）。

（2）年度奖金（bonus）

这是常用来激励高管的手段，典型的年度奖金方案由三个主要的成分组成：业绩度量（performance measure）、业绩标准（performance standard）和薪酬-业绩关系（pay-performance relation）。一般来说只有企业年度业绩达到一定水平，即超过业绩底线后，经理人才能有年度奖金收入，否则经理人没有年度奖金收入。另外一般企业也会对经理人的年度奖金封顶，即企业当年业绩超过一定水平时，年度奖金保持不变；底线业绩与封顶业绩之间的区域为激励区；激励区中薪酬与业绩间的比率为薪酬-业绩敏感度。

（3）股票奖励

股票奖励也称干股、赠股，即公司通过赠送给高管一定股份的方式来激励高管。

（4）影子股票

影子股票是只有分红权而不享有投票权的股票。如同昔日山西票号所使用的“人身股”。在山西票号，东家一般都会给“掌柜的”一定股份，但该股份只有分红权，决策权仍保留在东家手里（张雪岷，2006）。

（5）股票升值权

股票升值权是指公司并不给高管实际的股票，但经理有权获得一定数量的股票升值带来的好处。比如，公司可以给高管数量为1万的股票升值权，现在的股票价格是10元，但是一年之后升至12元，这时高管就可以获得2万元的回报。

（6）股票期权

股票期权是指赋予高管按照事前确定的价格在未来购买本公司一定数量股票的权利。由于股票期权的价值是与未来的公司价值相联系，因此，这将使高管不仅注重公司当前的业绩，还要关注公司长期的发展，从而避免高管的短期行为。

（7）退休金

退休金与经理人在企业的任期以及绩效有关。

自20世纪70年代以来，西方国家高管薪酬形式不断创新，上市公司股票期权的激励方式受到重视，并在20世纪90年代得到普及，特别是在一些高科技企业运用更加普遍，在高管薪酬中所占比重也越来越大。1989—1997年，全美最大的200家公司股票期权数量占上市股票数量的比例从6.9%上升到13.2%。伴随着股票期权的大量采用，企业中长期激励计划在高管人员总薪酬中的地位越来越重要。有研究表明，1982年股票期权等长期激励计划仅占全部薪酬的16%，1989年为31%，1997年这一数据上升为45%，至20世纪初这一比例上升到70%以上（朱克江，2002）。据《福布斯》杂志公布的2006年美国500强企业CEO薪酬排行榜，排在首位的苹果CEO史蒂夫·乔布斯尽管基本年薪只有1美元，但股票收益近6.47亿美元。期权收益在美国500强企业CEO的总薪酬中占到48%的比例，成为他们最主要的收入来源。

不过，到20世纪80年代后，西方国家高管薪酬总额呈现出快速增长的势头，尤其是美国CEO的薪酬增长趋势似乎失去控制，增长速度远超过GDP的增长速度。美国一家独立研究机构、美国公司治理结构的权威研究组织Corporate Library最新发布的调查报告显示，尽管社会呼吁对企业CEO的收入加以约束，2003年美国1 400多家公司CEO的薪酬平均增长15%，大企业的增幅更是高达22%，而他们上年收益总水平平均上涨9.5%（仇健，2005）。《福布斯》杂志公布的2004年度美国500强企业CEO薪酬排行榜显示，500 强企业 CEO 的总薪酬达到 51 亿美元，比 2003 财年的 33 亿美元增长 54.5%，平均每位 CEO 的薪酬增长 550 万美元。

3.2.2 我国上市公司高管报酬的现状和特征

（1）高管报酬的形式和内容

我国上市公司高管报酬也由固定部分、短期激励、中长期激励三部分组成，包括基本工资、福利津贴、年度奖金、持有股份、股票期权、业绩股份等形式，其中基本工资、福利津贴属于固定部分，其他则属于短期激励或长期激励。但我国上市公司高管激励以现金激励为主，股权激励较少。甄丽明和唐清泉（2008）对 2002—2006 年上市公司高管持股情况的统计表明，我国上市公司高管平均持股比例为 0.0174%，有 40% 左右的样本公司管理层未持有股权，这主要是因为我国上市公司高管实行股权激励较晚，在 20 世纪 90 年代后半期才开始引入股权激励制度（黄之俊，2006）。另外，高管报酬内容不明晰，非货币化严重。经营者的名义收入虽不高，但往往利用各种机会和名义形成自己的影子经济。有统计显示，上市公司经营者的公费旅游、公款吃喝、寻租行为等在职消费就高达普通职工收入的 40 倍以上，达其本身工资收入的 10 倍以上（李旭红，2003；陈冬华等，2005）。此外，还存在国有企业经营者把盈利机会转让给其他企业并从中获利的问题。

（2）高管报酬总体呈增长趋势，报酬与业绩之间呈现背离现象

与西方国家相同，我国上市高管报酬近年来也呈现上升趋势。我国上市公司从 1995 年开始试点年薪制，从 1998 年开始披露高管年薪，当年公开披露的 840 多家公司董事长、总经理这两个职位的平均年薪为 51 761 元，到 2001 年，前三名最高者已增至 11.6 万元，即 4 年增长 1 倍①，而 2002 年增幅再达 20%。一些业绩不好

① 前三名中往往包含董事长和总经理，因而这两个数据具有一定可比性。

甚至亏损的公司高管报酬反而在所有上市公司中名列前茅，如2002年小天鹅、申华控股、大江股份三家亏损公司前三名高管薪酬位列所有上市公司前100名，而据上海荣正咨询公司的《企业家价值白皮书》披露，2003年业绩亏损公司“ST科龙”的高管以160万的年薪在沪深两市公司的高管年薪排行榜上名列榜首。在我国，垄断性行业大多数为国有或国有控股企业，如电力、邮电、石油、石化、铁路等，由于这些行业的产品和服务仍处于卖方市场的格局之下，企业的经营者能获得高额报酬，致使垄断行业的经营者的报酬与实际的经营绩效相脱钩。

表3-1和图3-2分别是根据CSMAR数据库数据得出的1999—2005年我国上市公司高管报酬与公司绩效变化数据及示意图，各均值计算样本包括当年公开披露年度前三名高管报酬总额公司，去除收益异常变化极值公司。从表3-1和图3-2中数据可以看出，1999—2005年，上市公司总资产均值和高管报酬呈逐年上升趋势，而同期净资产收益率均值并没有随高管报酬的上升呈现逐年上升趋势，除2003年和2004年之外，呈现下降之势，显示高管激励报酬的上升与公司业绩相背离的现象。反映出高管报酬的激励效果不明显，在激励报酬增大的同时，公司绩效反而可能下降。

表3-1　　1999—2005年我国上市公司绩效变化与高管激励报酬的走势

年度	净资产收益率均值（%）	总资产均值（元）	高管报酬均值（元）
1999	8.72	1 592 091 338	121 317
2000	6.87	1 715 479 620	146 346
2001	3.51	2 367 568 931	317 137
2002	2.13	2 444 909 781	390 442
2003	4.70	2 785 339 146	496 248
2004	2.42	3 070 920 885	598 963
2005	1.37	3 483 532 588	618 119

注：数据来自深圳国泰安公司与香港大学联合开发的CSMAR数据库。高管报酬指年度最高前三名高管报酬总额。

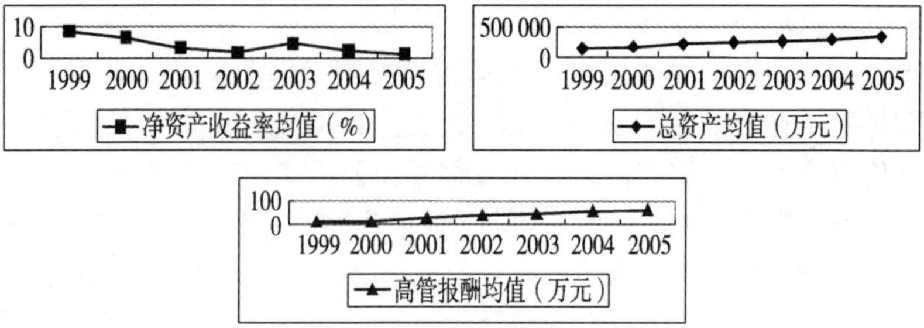

图 3-2　1999—2005 年我国上市公司高管报酬与业绩变化示意

注：数据来自深圳国泰安公司与香港大学联合开发的 CSMAR 数据库。高管报酬指年度最高前三名高管报酬总额。

（3）高管报酬丰厚、投资者现金分红较少

现金分红作为上市公司股利分配的重要方式，是投资者实现合理投资回报的有效渠道。在美国，投资者进入股市的主要目的就是为了分红，上市公司在有盈利时首先要考虑的是对投资者进行分红。在我国，由于公司治理机制不完善，一些上市公司对股东分红主动性不足，与此形成鲜明对比的是，一些上市公司高管每年却享受着高额的现金报酬。为此，证监会相继出台相关文件对现金分红作出限制，如于 2001 年发布《上市公司新股发行管理办法》，将现金分红作为上市公司再融资的条件之一，上市公司申请再融资时，董事会应对其最近三年未有分红派息作出合理解释；2006 年发布的《上市公司证券发行管理办法》规定，上市公司发行新股须符合最近三年以现金或股票方式累计分配的利润不少于最近三年实现的年均可分配利润的 20%；2008 年 10 月出台并实施《关于修改上市公司现金分红若干规定的决定》，允许上市公司实施半年度现金分红，规定最近三年现金分红不少于最近三年实现的年均可分配利润的 30%，要求上市公司在季报、半年报和年报中详细披露前三年现金分红的数额，与净利润的比率及当期现金分红预案、分红政策及执行情况，提高公司现金分红政策的透明度，从制度上入手，在公司章程中明确现金分红政策。

我国《公司法》明确规定，公司股东依法享有资产收益等权利，并明确赋予公司董事会、股东会分别行使制订和审议批准公司利润分配方案的职权。近年来我国上市公司现金分红情况有所改善，但与西方发达市场相比还有较大差距，2005—2007 年，上市公司现金分红总金额分别为 729 亿、1 163 亿、2 757 亿，占当年净利润的比例达 30% 左右；实施现金分红的上市公司家数分别达 621 家、698 家、779 家，占所有上市公司总数的比例分别为 45%、48%、50%。一些上市公司在对股东分红方面成为典型的“铁公鸡”，但高管的现金激励报酬却十分丰厚。如截止到 2008 年，威远生化已连续 7 年没有进行利润分配，而其累计未分配利润和货币资金达 8 250 万元和 1 . 9 亿元，2008 年其高管薪酬总额为 315. 13 万元，占同期净利润的 37%、累计未分配利润的近 4%；同样，大连金牛也连续四年没有进行现金分红，其累计未分配利润达 2. 5 亿元，货币资金达 4. 2 亿元，2008 年其高管薪酬总额为 92 万元，占同期净利润的 3. 4%；中天投城也连续 7 年没有进行分红，而 2008 年其高管薪酬共计 928 万元，约占其当年净利润的 5%、累计未分配利润的 11%。不可否认，现金股利政策必须基于公司经营策略来制定，但高管高额的报酬也必须以充足的现金余额为前提，所以当高管报酬较高时，出于对报酬支付需要的考虑，公司有可能减少股东现金分红，保留足够甚至过度的现金流。过度的现金流将导致代理成本的上升（Jenson，1986），降低企业价值，所以政府监管部门需要强制上市公司进行分红。

（4）国有企业与其他企业相比高管报酬总体偏低

中国企业家调查系统的数据显示，56. 4% 的国有企业经营者 2002 年度的年收入在 4 万元以下，这个比例在各种所有制企业中遥遥领先，比私营企业高出近 30 个百分点，比外资及港澳台资企业高出 38 个百分点；年收入在 4 万 ~10 万元的占 34. 1%，与其他所有制企业差别不明显；年收入在10万~50万元的只有9.3%，比其他所有制企业低13~29个百分点；年收入在50万元以上的只占0.2%，比例之低，与其他类型企业无法相提并论。也就是说，90%的国有企业经营者年收入在10万元以下；更有56.4%的国企经营者年收入在4万元以下①。有调查显示，国有企业经营者对目前的激励制度满意度较低，所得的报酬与对企业的贡献基本对称的企业占56.1%，很对称的企业占3.7%，不对称的企业占40.2%（张晓文、徐光东和王建梅，2005）。

（5）高管报酬与职工收入差距呈扩大趋势

各地国资委先后出台各种政策，规定企业经营管理者薪酬上限不得超过普通工人工资的13倍。但有统计显示，中央企业职工年平均收入从2002年的1.97万元增加到2003年的2.4万元，负责人收入从2002年的25万元增加到2003年年初的35万元，高于职工收入增长幅度，后来虽然有所调整，降到32.5万元，但差距仍然超过12倍，达13.5倍②。但与发达国家相比，这一比例并不算大，如美国1997年企业家与职工收入比为326倍，日本为17倍，法国和德国为24倍。

3.2.3 我国企业高管激励机制变革与信息披露

（1）我国企业高管激励机制的变革

在计划经济条件下，企业基本上是政府的附属物，企业的生产经营高度依赖于政府，企业的厂长或经理的身份是“准干部”，不拥有企业的实际决策权，企业不存在真正意义的经营者。政府依据相应的级别确定相关企业厂长或经理的福利待遇，对于成绩突出者，政府通过提拔升迁的方式或给予一定的政治荣誉加以激励，退

① 包月阳．谁解国企经营者之忧［N］．中国经济时报社，2004-04-15（A01）．
② 辛红．与职工平均收入差13.5倍 央企负责人收入要公开［N］．法制日报，2004-08-14.

休后则根据相应的级别享受干部的待遇。改革开放以来，随着改革的不断深化和我国经济体制从计划经济向市场经济的转变，我国逐步放弃了单一的按劳分配制度，建立与市场经济体制相适应的企业经营管理者报酬激励机制。我国企业经营管理者报酬激励机制的变革与管制的历史从某种意义上说也是国有企业改革的历史，大致分为三个阶段：

第一阶段是1979—1984年，基本上完成了按劳分配原则在思想上和理论上的拨乱反正。在实践上，大致包括1978年恢复奖励工资和计件工资制度、1980年实行浮动工资制、1983年强调企业工资与经济效益结合，但这些工资改革并没有把企业经营管理者与职工区分开来。

第二阶段是1985—1992年，确立了企业内部分配自主权。1985年国务院发布《工资基金暂行管理办法》，1986年国务院发布《国务院关于深化企业改革增强企业活力的若干规定》，全面推行厂长（经理）负责制，规定“凡全面完成任职期内年度责任目标的，经营管理者的个人收入可以高于职工平均收入的1～3倍；做出突出贡献的还可以更高一点；完不成年度责任目标的，应扣减厂长的个人收入”，这一文件被认为是我国实行经营者年薪制的开端。推行年薪制的主要目的是让经营者的收入与经营效果挂钩以调动经营者的积极性，实现国有资产的保值增值。但年薪制的引进，在中国经历了从试点到叫停，再到重新试行的反复过程。1988年国务院颁布《企业承包经营责任制暂行条例》和《全民所有制小型工业企业租赁经营暂行条例》，规定“企业经营管理者的年收入，视完成承包经营合同情况，可高于本企业职工年平均收入的1～3倍，贡献突出的，还可适当高一些”，“承租经营者的收入，原则上不超过本企业职工平均工资（含奖金）的5倍”。大多数企业实行的工效挂钩工资制日趋完善，承包租赁企业的按经营成果分配，独资企业或合资企业的按劳动力价值分配，股份制企业的按资分配，科技人员的信息技术分配等多种分配方式应运而生。

第三阶段是1992年至今，在明确提出建立社会主义市场经济体制后对企业经营管理者报酬制度进行变革。1994年5月劳动部和国家经贸委下发《关于加强国有企业经营管理者工资收入和企业工资总额管理的通知》，1994年9月国家经贸委、国家体改委、劳动部联合下发《国有企业厂长（经理）奖惩办法》。这些文件都对企业经营管理者的工资收入提出了改革和加强管理的办法。劳动部与国家经贸委、财政部于1994年制定《国有企业经营管理者年薪制试行办法》，并在全国100家国有企业进行试点，最终因多种原因没有被国务院批准出台①。但是不少地方从1992年就开始了年薪制的试点工作，在推行年薪制的同时，一些地方又建立了风险抵押制度。从1997年开始，又有少数地方和上市公司试行期股期权制度。1998年1月劳动部宣布在国有企业中暂停实施年薪制。据中国企业家调查系统1998年提供的调查报告显示，到1998年已实行年薪制的企业经营者达17.5%，其中国有企业为15.2%，最高的是私营企业，为41.4%，其次是股份制企业，为25.1%。1999年召开的党的十五届四中全会提出要建立和健全国有企业经营管理者的激励约束机制，直到2000年开始，国有企业的企业经营者年薪制试点工作重新启动。2000年9月，国务院办公厅转发的国家经贸委《国有大中型企业建立现代企业制度和加强管理的基本规范（试行）》中指出，“对经营管理者可以试行年薪制、持有股权、股票期权等分配形式”。该规定的出台为我国企业经营者分配制度赋予了新的内容和内涵。2003年年底国资委出台《中央企业负责人经营业绩考核暂行办法》（2006年年底已修订）使经历了多年激烈争论之后的“年薪制”终于成为一项制度。根据该办

---

① 张正堂. 企业家报酬决定：理论与实证研究［M］. 北京：经济管理出版社，2003：8-10.

法，如果企业负责人完成经营目标，可拿到年度薪酬奖励和任期中长期激励，如果目标完成不了，就要根据具体情况进行扣减或延期付薪，甚至对其不再任命、续聘。2004 年 10 月国务院国有资产监督管理委员会颁发《关于加强人工成本控制规范收入分配有关问题的通知》，明确中央企业人工成本、收入分配必须严格控制，防止超提、超发，并建立出资人监督、内部监督、监事会监督和审计监督的有效监督体系。2008 年中纪委提出的对国有企业领导人员廉洁自律“七项要求”中规定国有企业领导人不准违规自定薪酬、兼职取酬、滥发补贴和奖金。2008 年金融危机以来，上市公司高管的高额薪酬受到世界各国的广泛关注，2009 年年初，美国和欧盟相继对接受政府救助金融机构高管的薪酬颁布“限薪令”，我国财政部也印发《金融类国有及国有控股企业负责人薪酬管理办法（征求意见稿）》，对国有金融企业负责人最高年薪作出税前收入 280 万人民币的限制。

（2）高管激励报酬的制定规范

对于上市公司高管报酬的制定，我国相关法规也进行了规范。我国《公司法》第三十八条规定公司股东大会决定公司董事、监事报酬，第四十七条规定董事会对股东会负责并决定公司报酬事项。《上市公司治理准则》第六十九条规定上市公司应当建立公正透明的董事、监事和经理人员的绩效评价标准和程序；第七十一条规定董事报酬的数额和方式由董事会提出方案报请股东大会决定，在董事会或薪酬与考核委员会对董事个人进行评价或讨论其报酬时，该董事应当回避；第七十七、七十八条规定上市公司应建立经理人员的薪酬与公司绩效和个人业绩相联系的激励机制，以吸引人才，保持经理人员的稳定，上市公司经理人员薪酬以及其他激励方式应以经理人员绩效评价为依据。我国上市公司董事会中设立薪酬和考核委员会的比例，2002 年为 5.7%，到 2004 年也只有 52.8%。薪酬和考核委员会的独立性和有效性较差，上海证券交易所 2004

年问卷调查结果显示，上市公司认为设立委员会必要性很高的高达65%，但认为有效性很高的只占18%[①]，在董事会或薪酬委员会对董事个人进行评价或讨论其报酬时，有19%的公司没有采取董事回避制度，严重影响了委员会的独立性。上市公司大都建立了高管薪酬的决定程序，主要包括三种模式：董事会/薪酬委员会——股东大会（占66%）、公司人力资源部——董事会——股东大会（占15%）、其他（占19%），而高管薪酬的决定机构分别来自上级主管部门（占8%）、大股东（占7%）、董事会/薪酬委员会（占51%）、股东大会（占24%）和公司内部其他机构（占9%）。实际上，一些上市公司的大股东事先规定好高管每年的收入，然后董事会根据设定的限额，设计相关业绩考核指标和办法制定薪酬，丧失了激励报酬其本身的激励意义。

（3）我国上市公司高管报酬的信息披露

高管报酬的信息披露有利于降低信息不对称、建立高度透明的高管激励报酬监督与约束机制，西方国家对公司高管薪酬的制定和信息披露都具有较完善的规范制度。我国《公司法》第一百一十七条规定公司应当定期向股东披露董事、监事、高级管理人员从公司获得报酬的情况。《上市公司治理准则》第七十二条规定董事会、监事会应当向股东大会报告董事、监事履行职责的情况、绩效评价结果及薪酬情况，并予以披露；第七十九条规定经理人员的薪酬分配方案应获得董事会的批准，向股东大会说明，并予以披露。《中华人民共和国证券法》（以下简称《证券法》）第六十一条则只要求上市公司在年报中披露高管持股情况。证监会发布的《公开发行证券的公司信息披露内容与格式准则第2号〈年度报告的内容与格式〉》（2007年修订）对公司高管报酬的披露要求要详细

① 见《中国公司治理报告（2004年）》。

些①，包括披露董事、监事和高级管理人员报酬的决策程序、报酬确定依据以及报酬的实际支付情况，还需披露每一位现任董事、监事和高级管理人员在报告期内从公司获得的税前报酬总额（包括基本工资、奖金、津贴、补贴、职工福利费和各项保险费、公积金、年金以及以其他形式从公司获得的报酬），全体董事、监事和高级管理人员的报酬合计。另外，需将获得的股权激励按照可行权股数、已行权数量、行权价以及报告期末市价单独列示，列明不在公司领取报酬、津贴的董事、监事的姓名，并注明其是否在股东单位或其他关联单位领取报酬、津贴。2006 年财政部颁布的新会计准则中《企业会计准则第 9 号——职工薪酬》规定，企业应在会计报表附注中披露与职工薪酬有关的信息，包括应当支付给职工的工资、奖金、津贴和补贴等事项，而在 2006 年之前的旧企业会计准则中，有关职工薪酬的规范分散在《企业会计准则——固定资产》等相关会计准则中。而在有关关联方披露规范中，新旧《企业会计准则——关联方披露》均把公司关键管理人员视为关联方，并要求按规定披露关键管理人员薪酬。

按照上述披露规范，我国上市公司从 1998 年年报开始要求披露公司管理层年度货币报酬。从披露状况来看，我国上市公司高管报酬信息披露仍然存在一些问题，影响了对高管报酬激励的约束与监督，主要是信息披露的不充分和不透明。关于董事、监事和高管报酬的决策程序，报酬确定依据，现任董事、监事和高管的年度报酬总额（包括基本工资、各项奖金、福利、补贴、住房津贴及其他津贴等）问题，上市公司选择走规定底线，大都含糊其辞，并不披露其详细内容。对于不在公司领取报酬的董事及管理人员的薪酬从何而来，以及薪酬的高低等问题，上市公司也都没有披露。如 2008 年 5 月 10 日，5 家上市银行发布年报补充公告，详细披露了

① 有关该文件的各年修订差异可参见仇健．基于人力资源会计视角的企业家薪酬激励信息披露问题研究［D］．厦门大学博士论文，2005.

高管、董事和监事去年的薪酬情况。而此前，一些上市银行年报中对高管层收入披露语焉不详，并未披露每一位高管、董事和监事的薪酬情况，只披露区间统计等比较模糊的信息。单就年度前三名高管报酬总额这一数据，在2000年年报中有70%的上市公司没有按规定披露，到2006年仍然有3.8%的上市公司在年报中没有披露这一数据。

3.2.4 小　结

上文对西方国家和我国高管激励报酬的现状、特征和信息披露进行了梳理。从激励报酬内容结构来看，我国主要以现金激励为主，而西方国家以股权激励为主，但激励报酬均呈现逐渐增长的趋势。年薪激励已成为我国上市公司的主要激励方式，从最优激励合约理论来看，激励和业绩至少应该保持同向变化，但我国上市公司高管激励年薪的逐年增长并没有伴随上市公司业绩的同步上升，而是在一定程度上呈现激励与业绩相背离的现象。除了公司经营决策需要之外，高管有可能利用掌控股利政策的权力减少股东现金分红，以满足高额的激励报酬的现金支付需求，而过度的保留现金会导致代理成本的上升。不同所有权性质的企业所有者对高管的监管不同，高管激励报酬也产生差别。高管报酬信息是公司经营和财务信息的重要组成部分，该类信息的披露不仅能满足利益相关者的决策有用性，而且对健全经理人市场具有重要作用。但实践表明，我国上市公司高管报酬制定程序缺乏公正、透明、有效性，信息披露还很不完善，没有形成一个完整的体系，对于法规规定应公开披露的内容，一些公司往往避而不谈，这除了人的社会心理因素在作怪外，更可能是因为高额的报酬无法与高管的经营业绩相匹配。

3.3 本章小结与后文研究安排

本章前两部分内容分别就本书研究的问题进行了相关理论和制度背景分析。在第一部分，运用不完全合约和制度博弈均衡理论分析了激励合约和审计合约的互补性。在以业绩指标为基础设计的激励合约中，由于合约的不完全性，激励合约在制定、执行过程中存在漏洞和异化现象，会诱发一系列代理冲突，其本身也成为代理成本的一部分；审计合约也是不完全的，但审计合约与激励合约处在不同的经济博弈域中，合约之间存在互补性；在审计市场信誉机制、行业自律、政府监管等措施的影响下，审计能降低信息不对称性，缓解代理冲突。第二部分，在分析西方国家高管报酬特征基础上，分析和总结了我国高管报酬的现状、特征、历史变革、信息披露。可以发现，我国上市公司高管的激励报酬与业绩之间存在背离，高管在享受高额激励报酬的同时所有者得到的分红却较少，政府对国有企业高管薪酬进行一定程度的管制，对上市公司高管激励报酬的制定和信息披露有相关规定，但总的来讲对激励报酬的制定缺乏较完善的规范措施，信息披露还很不完善，意味着高管激励可能会诱发代理冲突，与第一部分理论分析相对映。

激励合约与审计合约的互补性所形成的制度均衡是否会产生效率优化，是一个实证检验的问题，故在前述理论和制度背景分析基础上，本书后面章节将采用实证研究方法，对本书研究主题进行实证检验。国际“四大”或国内“十大”通常被认为具有较好声誉，在国内外的许多研究中都被作为高质量审计的替代，实证研究大多也发现其审计质量较高。在第 4 章，本书以国际“四大”或国内“十大”作为高质量审计的替代，检验高管激励是否与国际“四大”或国内“十大”的选择正相关，并检验高质量审计对公司价值的影响。高管激励合约在执行过程中通常被认为会诱发盈余管理，盈余管理程度会对审计风险产生影响，高质量审计应能识别盈余管理行为，并通过审计意见进行反映。本书第 5 章将检验审计对激励合约诱发的盈余管理的监督作用。出于自身报酬最大化动机的考虑，高管有可能收买审计师的审计意见，本书第 6 章从审计师变更和异常审计费用两个角度对高管激励中的审计意见收买行为进行检验。第 7 章将根据全文研究提出本书结论和政策建议。

4 高管激励、代理成本与外部审计需求

4.1 引 言

现代企业是一系列合约的联合体，作为这一系列合约中的两个关联合约[①]，高管激励报酬与外部审计在公司治理中发挥着重要作用。高管激励可追溯到 Berle and Means（1932）在其经典论著《现代公司与私有财产》中所描述的以股权高度分散、所有权和经营权高度分离为特征的企业（Shleifer and Vishny，1997），在这样的企业中实施高管激励，可使所有者与管理者利益趋于一致，减少企业代理成本。审计作为外部监督机制，可抑制管理者自利行为，降低企业代理成本。在西方国家，股权激励是一种广泛而有较长历史的激励方式，对公司高管持股与外部审计需求的研究较多，而较少把高管现金激励与审计需求结合起来研究。如 Chow（1982），Eichenseher and Shields（1986），Simunic and Stein（1987），Francis and Wilson（1988），DeFond（1992），Gul，Lynn and Tsui（2002），Lennox（2005）等研究[②]，这些研究大多以管理者持股衡量公司代理型代理冲突的严重程度，检验了代理冲突对外部审计需

① 本书在第 3 章中论述了激励合约与审计合约的互补性，从本章开始将提供实证证据。

② 具体可参见本书第 2 章文献综述部分。

求的影响。

与西方国家不同是的，在我国，股权激励是最近几年发展起来的，高管持股比例也较低，现阶段现金激励是我国上市公司对高管的主要激励方式。有关高管激励是否有利于提升公司绩效的研究也较多，但研究结论并不一致，如魏刚（2000）、李增泉（2000）、刘国亮和王加胜（2000）、张小宁（2002）、刘英华等人（2003）研究发现公司绩效与高管现金薪酬不相关或显著负相关，而宋增基和张宗益（2002）、陈朝龙（2002）、唐清泉等人（2008）研究发现高管激励能显著提高公司绩效。上述研究的结果之所以不一致，一方面可能是研究数据和研究方法的不同，或变量的设定不同造成的；另一方面就是上述研究只考虑到高管激励报酬的激励效应，而没有考虑到高管激励报酬在实施过程中会产生代理冲突增加效应，激励效应和代理冲突增加效应使高管激励对企业绩效的影响变得十分复杂。

基于经典委托代理理论设计的高管激励在理论上应实现激励相容原则，即降低代理成本，实现企业价值最大化，达到所有者和管理者的双赢。但实际上任何高管激励合约都是一个不完全的合约，其本身可能是代理问题的一部分，对企业绩效的提升是一把“双刃剑”。审计作为降低代理成本的机制，理应在高管激励合约安排中扮演重要角色。现行制度规定所有上市公司年报必须经过审计，审计后的年报通常影响高管激励报酬的获取（Antle，1984）。本章要研究的问题是：这种强制性审计需求中是否隐含着自愿性审计需求[①]？本章的贡献在于：检验了我国上市公司高管激励与外部审计在公司治理机制中的关联性，发现高管激励报酬与高质量审计需求具有强正相关性，高质量审计能提升公司价值。后文安排如下：第

① 强制性审计需求是指上市公司对法定审计的需求状况，法定审计对所有公司都是一个统一的要求标准，如要求年报需经具有证券从业资格的审计师或国际“四大”审计。

二部分是研究设计与假设；第三部分是实证结果与分析、稳健性检验；第四部分是本章结论。

4.2 理论分析与研究设计

4.2.1 理论分析与研究假设

正如上述文献的研究，高管激励报酬对企业绩效的影响是复杂的，对此，Bebchuk et al.（2002）和 Bebchuk and Fried（2003）提出高管报酬的“最优契约观”（optimal contract approach）和“管理者权力观”（managerial power approach），并认为任何公司的高管激励报酬安排可能都需要这两种观点共同来解释。最优契约观认为公司股东通过选举董事会并由董事会制定最大化股东利益的管理者激励报酬，而管理者权力观认为高管激励报酬的制定并不一定是最大化股东利益的过程，管理者会利用自身掌握的控制权优势影响报酬合约，使激励报酬合约偏离股东最大化利益。实际上企业绩效最终取决于激励报酬合约对管理者行为的影响①，即激励报酬合约是增加了管理者的努力行为还是增加了管理者与所有者之间的代理冲突行为。

现代企业的所有权和经营权的分离导致所有者和管理者之间信息不对称的存在，管理者享有企业剩余控制权和自由决策权（Jenson and Meckling，1976，Shleifer and Vishny，1997）。管理者利用自由决策权采取最大化自身利益的行为，如转移资金、建立个人帝国等，这种自利行为损害了所有者的利益，增加了企业代理成本。减少这种管理者自利行为的方法是对管理者实行非固定

① 当然，企业的绩效不完全取决于管理者努力程度，外界无法预测的随机因素也会对企业绩效造成影响。

报酬的激励安排（Shleifer and Vishny，1997），通过激励使所有者和管理者利益趋于一致，减少代理成本。在最优契约观下，高管激励报酬安排能化解因所有者与管理者之间信息不对称引起的道德风险，使得高管利益和所有者利益趋于一致。Jenson and Meckling（1976）把企业的代理成本分为三类：委托人的监督支出、代理人的保证支出、剩余损失。企业通过引入审计这种制度，改变管理者的预算约束，以支付监督成本，减少剩余损失，只要剩余损失的减少相对于监督成本的增加呈递增趋势，审计就变得重要。而在最优契约观下，高管报酬的激励作用达到最大化，高管为了获取报酬而努力工作，剩余损失因激励报酬安排被内部化，审计边际效用较低，甚至为零，此时审计对所有者与管理者之间的代理冲突变得不重要①。

从本书第3章的分析可知，最优报酬契约安排实际上很难完全达到。一套激励报酬的要素包括业绩指标的选择、业绩与报酬之间的关联度。业绩指标的选择必须能衡量高管的努力程度，业绩与报酬之间的关联度则是指根据业绩指标给予高管多少报酬。激励报酬安排是用来降低信息不对称引起的道德风险，但激励合约的制定、执行必须依赖一定的信息，其本身也受信息不对称的困扰。企业所有者缺乏有关企业运营中客观随机冲击的准确信息，而处于第一线的管理者往往拥有相对充分的信息，无论是会计业绩指标还是市场业绩都存在噪音，无法准确衡量高管的努力程度。所有者能够用来激励管理者的企业剩余收益，也需要通过管理者提供的会计信息获知。因此，高管完全可以不努力工作，而选择有利的会计政策最大化激励报酬，或者享受过度的在职消费，甚至通过舞弊制造虚假业绩信息。更严重的是，现实激励报酬的制定过程处在所有者不可完全控制的情形下。作为有限理性

① 不排除政府管制造成的对审计的强制需求。

的经济人，代表股东利益的董事会很难再与经理进行讨价还价或根据市场约束达成基于绩效的最优报酬契约（Bebchuk and Fried，2003），造成所谓“次优契约”相对于“最优契约”的效率损失。况且利用信息不对称，特别是在管理者掌握董事会成员的聘用、支付报酬等权力，公司治理内部机制失效、股东监督缺位时，管理者能够左右董事会的决策，在报酬安排中“寻租”（rent extraction），选择有利于自身的业绩指标，享受过度的在职消费，制定高的激励强度，以获取超额报酬。这样，高管激励报酬不仅不能实现激励相容，而且会产生激励异化，导致代理冲突增加，造成所有者的更大剩余损失，其本身也成为代理成本的一部分（Bertrand and Mullainathan，2001；Bebchuk and Fried，2003）。另外，现金激励不同于股权激励，其激励效应主要是短期的，为了在任期内能够获得好的报酬，高管有动机进行业绩操纵，牺牲公司未来利益，提升任期内业绩①；为了在任期内有足够的现金流用来支付自身的报酬，削减能给公司带来收益但风险大的经营项目，或者减少对股东分红甚至不分红。在我国，上市公司高管激励报酬的增长远远高于公司业绩的增长（贺宛南，2002），卢锐（2008）通过实证研究也发现我国上市公司高管存在自定薪酬现象，王克敏和王志超（2007）等发现高管报酬会引起盈余管理行为。这些文献的研究结论预示着我国上市公司高管激励安排中存在管理者与所有者之间代理冲突行为增加现象。在一个有效的外部经理人市场中，经理人的报酬可因市场力量不断得到修正而与经理人付出的努力相匹配（Fama，1980）。也就是说，高管到底能拿多少，经理人市场会为其定价，高管没必要通

① 平安集团投资富通集团是在2007年，2008年金融危机后富通出现了问题，平安集团200多亿元账面浮亏，短期内收回难度不小，而平安董事长2007年已经拿到了6 600万元的高薪。如果对高管薪酬不严加管理，高管可能为了高薪，只顾眼前利益，只顾短期行为，给未来留下风险隐患。

过增加代理冲突行为获取高额报酬。Dyl（1988）研究发现大股东的存在能起到外部经理人市场作用，减少管理者在报酬安排中产生的剩余损失。但中国上市公司管理层的产生和激励是非市场化的，高管的败德和腐败行为不能得到经理人市场有效的制约[①]。政府作为大股东的虚位、证券市场法制的不完善也使得高管在激励报酬安排中的败德和腐败行为得不到有效监督，此时审计的监督作用有利于降低企业的整体代理成本[②]。所有者意识到高管代理冲突机会主义行为的存在，会在激励报酬契约制定过程中扣除高管投机金额以获得自身的价格保护，并聘用高质量审计对高管进行监督；而高管为了证实自身“清白”，表明经营业绩和报酬制定过程的无偏性，也会聘请高质量审计或具有良好声誉的审计师向外界传递一种积极信号，表明自身的“清白”，以获取高的报酬，这种对高质量审计的自愿需求会随着激励报酬的增多而增大。因此，根据上述理论分析和文献研究，以下提出本章研究假设 4-1：

假设 4-1：其他条件相同的情况下，高质量审计需求与高管激励正相关。

引入高质量的审计意味着支付较高的监督成本，监督成本的提高是否能抵消高管激励的代理冲突增加效应所带来的代理成本？在本书第 3 章中对激励合约与审计合约的制度互补性进行了分析，认为制度互补性是博弈均衡的结果，博弈均衡结果并不一定是帕累托效率的改进。高质量审计因具有良好的声誉机制，执业能力较强，审计合约更有效率，审计能降低企业的整体代理成本，意味着激励合约与审计合约结合的整体制度安排比单个激励

① 上海证券交易研究中心．中国公司治理报告（2003）［M］．上海：复旦大学出版社，2003.

② 实证会计理论认为任何会计政策的选择过程都是契约成本最小化的过程（Scott，2000），审计能降低企业整体代理成本，与契约成本最小化是吻合的。

合约效率优化，企业价值会因此而提高。另外一方面，高质量审计或声誉好的审计师本身也能给市场传递积极信号，企业市场价值会因此而提高，为此，在假设4-1的基础上，以下提出本章假设4-2：

假设4-2：在其他条件相同的情况下，高质量审计有利于提升公司价值。

4.2.2 主要变量与模型设定

（1）高质量审计的衡量

对于审计质量，现行经验研究中有各种不同的测度方法，这些方法都存在一定程度的噪音（王华和段春明，2009），不过以审计师类型来测度高质量审计是国内外研究中较常用的方法，本书以国际“四大”或国内“十大”作为高质量审计的衡量标准，当上市公司聘用国际“四大”或国内“十大”，则意味着高质量审计需求较高。尽管刘峰和周福源（2006，2007）考虑审计师的法律风险没有发现“四大”所审计的公司会计盈余质量更好，但李爽和吴溪（2002）、孙铮和曹宇（2004）、张奇峰（2005）、王艳艳和陈汉文（2006）等研究都认为在国际“四大”与其他审计师之间存在审计质量差异，曾颖和叶康涛（2005）研究发现“四大”能显著降低公司代理成本，提升上市公司价值。对于国内会计师事务所的划分，现有研究存在不同的方法，如李树华（2000）依据客户资产总额把国内事务所划分为“十大”和非“十大”，章永奎和刘峰（2000）以客户数量是否超过20家划分为“大所”和“小所”，房巧铃（2006）采用聚类分析法对客户资产等六个指标进行分析，把国内事务所划分为“九大”和非“九大”。本书将国内会计师事务所划分为“十大”和非“十大”，划分的标准均采用中国注册会计师协会每年对国内事务所的排行，理由是：①中国注册会计师协会排行的主要依据是会计师事务所的审计费用或业务收入，与西方国家研究中划分会计师事务所类别的方法类似（刘爱松，2008），也符合产业组织学中统计行业集中度的方法（易琮，2002）；②上述排行是针对所有事务所的排行，不仅涵盖了具有证券审计资格的事务所，还包括没有证券审计资格的中、小型事务所，更全面地反映了整个审计市场情况；③2006 年中国注册会计师协会首次采用综合评价方法对国内事务所进行排行，通过对比从 2002 年到 2008 年的排行榜，可以发现排名前“十大”的事务所中绝大多数每年都排在前十位，一定程度上说明这些事务所具有较高的审计质量，能维持较高、较稳定的市场份额。在中国注册会计师协会的每年排行中，国际“四大”一直排在前十位，这也说明以国际“四大”代替高质量审计是可行的。

（2）企业价值的衡量

对于企业价值，文献中也有不同的衡量方法，如托宾 Q（Tobin'Q）、每股市价等，本书采用苏启林和朱文（2003）、曾颖和叶康涛（2005）、张奇峰（2007）的做法，用托宾 Q 来衡量企业价值。托宾 Q 表示公司市场价值与重置成本的比值，其计算方法也有多种，本书采用苏启林和朱文（2003）、张奇峰（2007）的计算方法。公司市场价值为公司债务资本与权益资本的市场价值之和，债务资本的市场价值采用期末账面价值计算，权益资本的市场价值等于流通股市值加上非流通股市值。非流通股的市场没有完全化的市场数据，其转让价格通常以净资产为准，因此采用非流通股股数与每股净资产之积来计算非流通股市值。这样托宾 Q=（年末每股价格×流通股股数+年末每股净资产×非流通股股数+负债账面价值）/年末总资产。

（3）股权结构

大股东在公司治理中的作用有两种观点：一是监督效应，指大股东对管理层的监督作用，大股东持股比例越大，大股东与公司利益越趋于一致，其监督管理层的动机和效应越明显，越有利于提升企业价值（Shleifer and Vishny，1986）；二是掠夺效应，指大股东利用自身持股比例优势控制企业，通过掏空企业资产等方式将公司利益向自身输送，侵害中小股东利益，降低企业价值（Shleifer and Vishny，1997）。曾颖和叶康涛（2005）等研究发现公司股权结构影响外部审计需求和企业价值，并且第一大股东持股比例与企业价值成U形关系，与外部审计需求成倒U形关系。本书以上市公司第一大股东持股比例表示股权结构变量，并纳入第一大股东持股比例的平方，以判断大股东在公司治理中的作用，考察第一大股东持股比例对高质量审计需求和企业价值的影响。

（4）模型

本章构建以下两个模型对假设4-1和假设4-2进行检验：

$$AUDITOR_{it}=\alpha_0+\alpha_1 LnSIZE_{it}+\alpha_2 LEV_{it}+\alpha_3 ROA_{it}+\alpha_4 TOP1_{it}+\alpha_5 SQTOP1_{it}+\alpha_6 LnS_{it}+\text{fixed effect}+\phi_{it} \tag{4-1}$$

$$TOBIN_{it}=\beta_0+\beta_1 LnSIZE_{it}+\beta_2 LEV_{it}+\beta_3 TOP1_{it}+\beta_4 SQTOP1_{it}+\beta_5 LnS_{it}+\beta_6 PAUDITOR_{it}+\text{fixed effect}+\varepsilon_{it} \tag{4-2}$$

模型（4-1）为Logistic回归模型，用以检验假设4-1；模型（4-2）为OLS模型，用以检验假设4-2。其中，α_0、β_0为常数项，$\alpha_1\sim\alpha_6$、$\beta_1\sim\beta_6$为系数，ϕ_{it}、ε_{it}为残差项。模型中各变量含义如下：

①因变量

模型（4-1）中，$AUDITOR_{it}$，哑变量，表示t时期、i上市公司年度报告聘用的审计师类型，当聘用的审计师为国际“四大”或国内“十大”，即上市公司对审计质量需求高时，$AUDITOR_{it}=1$，否则，$AUDITOR_{it}=0$。

模型（4-2）中，$TOBIN_{it}$，表示t时期、i上市公司价值，用托宾Q衡量。

②解释变量

模型（4-1）中的解释变量为LnS_{it}，表示t时期、i上市公司高管激励报酬，用年度最高前三名高管报酬之和的自然对数衡量；在稳健性检验中将分别用年度最高前三名高管报酬总额与资产规模自然对数比值（$SDSIZE_{it}$）和哑变量（S_{it}）来表示高管报酬变量。其中哑变量定义为当年度最高前三名高管报酬之和超过中位数时，$S_{it}=1$，否则 $S_{it}=0$；或当年度最高前三名高管报酬之和位列所有样本公司高管报酬最高的1/4时，$S_{it}=1$，否则 $S_{it}=0$。

模型（4-2）中的解释变量为 LnS_{it} 和 $PAUDITOR_{it}$，LnS_{it} 的含义与模型（4-1）中一致，$PAUDITOR_{it}$ 表示 t 时期、i 上市公司聘用国际“四大”或国内“十大”的概率，主要是为了考虑审计师选择的自选择或内生性影响①，其计算方法见下文实证结果与分析部分。LnS_{it} 的回归系数的正负向能体现高管激励对公司价值的影响。$PAUDITOR_{it}$ 用以解释高质量审计的边际效用是否大于0，即判断高质量审计是否能降低代理成本而提升公司价值。为了判断高质量审计对高管激励的代理冲突增加是否有缓解作用，实证分析时用交叉项 $LnS_{it}*PAUDITOR_{it}$ 代替 $PAUDITOR_{it}$ 进行回归，并根据 $PAUDITOR_{it}$ 中位数把所有样本分成两组进行检验。

③控制变量

$LnSIZE_{it}$ 表示 t 时期、i 上市公司年度末总资产的自然对数，用以控制资产规模对高质量审计需求和企业价值的影响。本书预期公司规模与高质量审计需求成正比，理由是：公司规模越大，管理者能够控制的资源越多，管理者的自由决策权增多（Chow，1982；Jenson，1986），代理冲突严重；公司规模越大，组织阶层越多，所需签订的契约数量越多，所需要的监督成本越大（Jenson and Meckling，1976）。另外，大规模公司都是一些重要的公司，政治

① 审计师的自选择或内生性是指被审计客户在选择审计师时不是随机的，而是高质量的客户倾向于选择大规模的审计师，Ireland and Lennox（2002）、陈冬华和周春泉（2006）等研究发现考虑审计师的自选择或内生性对研究结果会产生影响，本书研究均考虑了审计师的自选择或内生性影响。

影响较大，监管层的管制较严。规模大的公司多半是在行业中占有优势地位的公司，市场份额较大，但其成长性低，市场价值较低，本书预期公司规模与公司价值成反比。

LEV_{it}表示 t 时期、i 上市公司年度末资产负债率。债务融资可减少企业内部人可支配的自由现金流，降低代理成本，是一种有效的公司治理机制（Jenson，1986）。本书用资产负债率作为控制变量，用以控制财务杠杆对高质量审计需求和企业绩效的影响，并预期资产负债率与高质量审计需求成反比。债务融资可减少代理成本，本书预期资产负债率与公司价值成正比。

ROA_{it}表示 t 时期、i 上市公司总资产收益率，用以控制盈利能力对高质量审计需求的影响。盈利能力越高的公司，公司通过高质量的审计能增强其财务信息的可靠性，获得更大的信号传递收益（张奇峰，2007），本书预期总资产收益率与高质量审计需求成正比。

$TOP1_{it}$、$SQTOP1_{it}$分别表示 t 时期、i 上市公司第一大股东持股比例和第一大股东持股比例的平方，用以控制股权结构对高质量审计需求和企业绩效的影响。大股东在公司治理中存在监督效应和掠夺效应（Shleifer and Vishny，1986，1997），本书预期大股东持股比例、大股东持股比例平方与高质量审计需求分别成正比和反比，与企业价值分别成反比和正比，即大股东持股比例与高质量审计需求成倒 U 形关系，而与企业价值成 U 形关系。

fixed effect 用以控制年度和上市公司行业的影响。为保证回归过程中足够的自由度，行业分类采用武立东和王建（2008）的方法，以证监会 2001 年颁布的《上市公司行业分类指引》为基础，扣除金融类公司，将所有样本公司分为 6 类，即制造业、综合类、信息技术业、房地产及建筑业、批发零售业、其他行业。其他行业包括传播文化业，电力、煤气及水的生产与供应业，交通运输和仓储业，农林牧渔业，社会服务业等。为简便起见，在实证结果部分未列出年度和行业变量的回归系数及显著性。

4.3 数据、实证结果与分析

4.3.1 样本选取与数据来源

财政部2006年颁布新会计准则和审计准则对上市公司审计需求和注册会计师的审计行为可能会产生影响；另外，因含有H股和B股的上市公司在国外证券市场需要单独审计，并会影响国内证券市场上的审计，其审计需求与纯A股上市公司存在差异（陈靖，2007）。为此，本章主要选取2002—2005年深、沪两市A股上市公司为样本，并按下列顺序进行筛选：

（1）剔除了金融类上市公司。金融类公司的财务指标的含义与其他公司不同，会计处理存在较大差异，审计师需求与其他公司也存在差异。另外，金融类公司经营特征、经营风险和高管薪酬体制与其他类型企业也可能不同。

（2）剔除当年上市的公司。有研究发现IPO对公司审计需求有影响①，为了避免IPO对回归影响，剔除当年上市的公司。

（3）剔除2005年开始实施股权分置改革的公司。中国上市公司从2005年起实施股权分置改革，为避免股权分置改革带来的流通股权结构变动的影响，剔除开始实施股权分置改革的公司。

（4）剔除部分数据不全的公司。

经过上述筛选，最终确定样本数为4 135个公司年观测值，数据取自深圳国泰安公司与香港理工大学联合开发的CSMAR数据库

① 朱红军，夏立军，陈信元．转轨经济中审计市场的需求特征研究［J］．审计研究，2004（5）．

以及北京色诺芬公司与北京大学中国经济研究中心联合开发的CCER数据库。

4.3.2　描述性统计与单变量分析

表4-1是本章主要变量描述性统计结果。从表4-1可以看出，2002—2005年，我国上市公司年度最高前三名高管报酬总额均值为45.13万元，人均15.04万元。前三名高管报酬的最大和最小值分别为512.12万元（用友软件2004年）和1.08万元（山东巨力2005年），人均分别为170.71万元和3 600元，相差将近500倍。前三名高管报酬的中位数为33.23万元，人均11.08万元，远低于均值15.04万元，说明超过一半的上市公司高管报酬低于平均水平。托宾Q值均值为1.33，中位数为1.19，中位数值接近平均值，最大值与最小值相差近55倍，远小于高管报酬最大值与最小值的差距，这在一定程度上表明高管报酬的快速增长并不伴随着企业价值的成倍增长。与企业价值的中位数小于均值形成对比，会计业绩指标总资产收益率（ROA_{it}）的中位数均超过平均值，可能是因为我国上市公司高管激励具有短期激励效应。第一大股东持股比例（$TOP1_{it}$）最大值为85%，均值为42%，中位数与均值接近，说明我国上市公司一股独大现象较普遍。当然，也存在一些股权较分散的公司，如第一大股东持股比例最小的仅为0.39%。资产负债率均值为56%，过半数的公司资产负债率超过50%，意味着债务融资可能是我国上市公司一个重要的融资方式，也是一个重要的公司治理机制。在所有样本公司中，聘用国际“四大”所占的份额为4.3%，而聘用国内“十大”所占的份额为18.57%。聘用国际“四大”的概率最大为0.80，聘用国内“十大”的概率最大为0.65，中位数分别为0.022、0.151。

表 4-1　　　　**主要变量描述性统计**

变量名称	样本数	最大值	最小值	平均值	中位数	标准差
S_{it}	4 135	5 121 170.00	10 800.00	451 316.23	332 311.00	435 611.73
$TOBIN_{it}$	4 135	24.02	0.44	1.33	1.19	0.6607
ROA_{it}	4 135	0.51	-1.79	0.0035	0.021	0.1280
$TOP1_{it}$	4 135	0.85	0.0039	0.42	0.40	0.1702
$SIZE_{it}$	4 135	6 425 529.69	2 151.50	214 681.33	133 023.31	303 216
LEV_{it}	4 135	23.80	0.01	0.56	0.50	0.6618
$AUDITOR_{it}$（国际四大）	4 135	1.00	0.00	0.043	0.00	0.2021
$AUDITOR_{it}$（国内十大）	4 135	1.00	0.00	0.1857	0.00	0.3882
$PAUDITOR_{it}$（国际四大）	4 135	0.80	0.00	0.0387	0.022	0.05245
$PAUDITOR_{it}$（国内十大）	4 135	0.65	0.01	0.1645	0.151	0.07789

注：S_{it}表示样本公司年度前三名高管报酬总额，单位为元。$SIZE_{it}$为样本公司年末总资产，单位为万元。

表 4-2 是模型（4-1）中变量两两相关系数表。Pearson 相关系数用来度量定距变量间相关系数，Spearman 相关系数用来度量定序变量间相关系数。两两相关系数有助于分析因变量与解释变量之间的单变量关系，还有助于判断解释变量之间的多重共线性问题。从表 4-2 可以看出，尽管解释变量之间两两相关系数在 1% 水平上显著，但相关系数远小于 0.8，可以认为模型（4-1）不存在严重的多重共线性问题。从因变量与各解释变量之间相关系数看，

或者说就单变量分析而言，各解释变量与因变量都在1%水平上显著相关，其相关性方向与预期一致。其中总资产收益率与高质量审计师选择正相关，说明盈利能力越好的公司更可能倾向于聘用国际“四大”。第一大股东持股比例与高质量审计选择显著正相关，说明大股东的存在影响审计师的选择。高管报酬变量与高质量审计需求显著正相关，即高管报酬越高的上市公司管理者与所有者之间的代理冲突越高，越可能需要高质量审计，支持假设4-1。图4-1是高管报酬与高质量审计需求关系图，横坐标表示所有样本公司高管报酬区间，根据高管报酬的大小，从低到高共分成十个区间，每个区间的样本数相等（413或414个），纵坐标表示每个高管报酬区间聘用国际“四大”或国内“十大”的样本所占比例。从图4-1可以看出，除在30%～40%区间外，随着高管报酬的增大，聘用国际“四大”或国内“十大”的样本所占比例逐渐增大，在报酬最高的区间（90%～100%），聘用国际“四大”和国内“十大”的样本公司分别达到12%和31%，图4-1结果和单变量分析一致，支持假设4-1。

表4-2　**模型（4-1）变量Pearson和Spearman相关系数**

	$AUDITOR_{it}$	$LnSIZE_{it}$	LEV_{it}	ROA_{it}	$TOP1_{it}$	LnS_{it}
$AUDITOR_{it}$	1	0.143**	-0.100**	0.123**	0.092**	0.143**
$LnSIZE_{it}$	0.160**	1	0.111**	0.161**	0.234**	0.311**
LEV_{it}	-0.043**	-0.215**	1	-0.419**	-0.176**	-0.071**
ROA_{it}	0.074**	0.288**	-0.543**	1	0.202**	0.320**
$TOP1_{it}$	0.103**	0.262**	-0.107**	0.168**	1	-0.028
LnS_{it}	0.149**	0.323**	-0.115**	0.229**	-0.023	1

注：** 表示在1%水平上显著（双尾检验）。左下方为Pearson相关系数，右上方为Spearman相关系数。$AUDITOR_{it}$指聘用国际“四大”的概率。

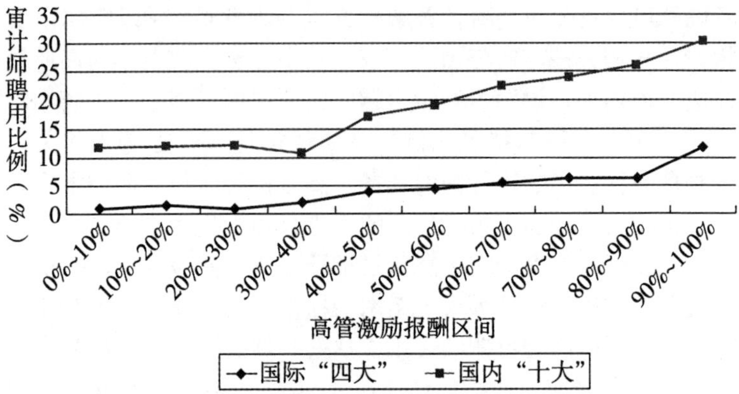

图 4-1　高管激励报酬与高质量审计师聘用的关系

表 4-3 是模型（4-2）变量两两相关系数表。从表 4-2 可以看出，模型（4-2）解释变量之间相关系数尽管在 1% 水平上显著，但相关系数都不大，可判断不存在严重的多重共线性，因变量与解释变量之间的相关系数可进行单变量分析。公司市场价值与公司规模成显著负相关关系，可能是因为规模大的公司成长性较差，不受到市场追捧，市场价值较底；或者如前所述，规模大的公司代理问题较严重，或者政治成本较高，影响了公司的市场价值。公司价值与资产负债率成显著正向的相关性，一方面可能是债务融资成本较低，高财务杠杆可降低整体资本成本，另一方面也可能是债权人权益比例的提升能改善公司治理效率，提升企业价值（Jenson，1986）。公司价值与第一大股东持股比例显著负相关，可能是随着第一大股东持股比例的增大，其掠夺效应超过监督效应，不过单变量分析没有考察第一大股东持股比例平方与公司价值关系。公司价值与高管激励显著负相关，说明报酬机制能发挥激励作用，但可能主要是短期激励，激励报酬本身可能诱发代理冲突（Bebchuk and Fried，2003），报酬越大诱发的代理冲突也越大，降低企业价值。公司价值与聘用国际“四大”负相关，与假设 4-2 不一致，这是

因为相关系数没有考虑审计师选择的内生性或自选择的影响。

表 4-3 **模型（4-2）变量 Pearson 和 Spearman 相关系数**

	$TOBIN_{it}$	$LnSIZE_{it}$	LEV_{it}	$TOP1_{it}$	LnS_{it}	$PAUDITOR_{it}$
$TOBIN_{it}$	1	-0.542**	-0.118**	-0.127**	-0.094**	-0.262**
$LnSIZE_{it}$	-0.421**	1	0.111**	0.234**	0.311**	0.619**
LEV_{it}	0.741**	-0.215**	1	-0.176**	-0.071**	-0.483**
$TOP1_{it}$	-0.124**	0.262**	-0.107**	1	-0.028	0.369**
LnS_{it}	-0.117**	0.323**	-0.115**	-0.023	1	0.687**
$PAUDITOR_{it}$	-0.262**	0.619**	-0.483**	0.369**	0.687**	1

注：** 表示在 1% 水平上显著（双尾检验）。左下方为 Pearson 相关系数，右上方为 Spearman 相关系数。$PAUDITOR_{it}$指聘用国际“四大”的概率。

4.3.3 多元回归结果与分析

表 4-4 Panel A 是以国际“四大”代替高质量审计，控制年度和行业后模型（4-1）的 Logistic 回归结果。从回归结果看，R^2 都在 0.15 以上，Chi-square 值较大，在 1% 水平上显著，说明模型整体模拟效果较好。表 4-4 Panel A 中第 1 栏是所有样本（4 135 个样本公司年）的回归结果。结果显示，公司资产规模、资产负债率的回归系数在 1% 水平上显著，符号与预期相符。这说明规模大的公司存在较大的代理冲突或者受到严格的外部监管，对高质量审计需求较高；而债务融资能发挥公司治理作用，降低企业代理成本，债务融资较高的公司对高质量审计需求较低。总资产收益率的回归系数为正，但不显著，说明盈利能力越强的公司越有可能聘用高质量审计师，但不明显。第一大股东持股比例及持股比例平方的回归系数符号与预期一致，但均不显著，说明第一大股东持股比例与高质量审计需求成倒 U 形关系，但不明显。解释变量高管激励与高质量审计需求显著正相关，表明高管激励报酬越大，上市公司

对高质量审计的需求越高，高管激励报酬的代理冲突增加，与本章假设4-1一致。

表4-4 模型（4-1）回归结果（以国际“四大”替代高质量审计）

	预期符号	1	2	3	4	5	6
		全样本	全样本	2002年	2003年	2004年	2005年
Panel A 解释变量为年度前三名高管报酬总额的自然对数（LnS_{it}）							
Constant		-26.75***	-26.69***	-22.56***	-27.08***	-27.38***	-34.53***
$LnSIZE_{it}$	+	0.70***	0.70***	0.53**	0.60***	0.76***	1.00***
LEV_{it}	-	-3.16***	-3.16***	-3.04***	-2.51**	-1.91*	-5.33***
ROA_{it}	+	1.16	1.14	3.79	1.26	3.86	-3.72
$TOP1_{it}$	+	1.56	1.33***	1.23	1.62*	0.96	1.29
$SQTOP1_{it}$	-	-0.24					
LnS_{it}	?	0.72***	0.72***	0.69***	0.87***	0.62***	0.89***
$Pseudo\text{-}R^2$		0.179	0.179	0.150	0.184	0.169	0.267
Chi-square		222.13***	222.12***	45.51***	63.09***	54.80***	72.84***
样本量		4 135	4 135	993	1 076	1 154	912
Panel B 解释变量为年度前三名高管报酬总额与资产规模自然对数比值（$SDSIZE_{it}$）							
Constant		-24.69***	-24.36***	-22.88***	-24.66***	-25.61***	-35.78***
$LnSIZE_{it}$	+	1.02***	1.01***	0.94***	1.01***	1.04***	1.56***
LEV_{it}	-	-2.77***	-2.77***	-2.78***	-2.12**	-1.63*	-4.71***
ROA_{it}	+	3.32**	3.23**	5.12	3.35	4.88*	-2.55
$TOP1_{it}$	+	1.99	0.95*	0.89	1.17	0.69	1.26
$SQTOP1_{it}$	-	-1.10					
$SDSIZE_{it}$	?	16.44***	16.43***	15.43***	20.65***	15.09***	19.60***
$Pseudo\text{-}R^2$		0.192	0.192	0.158	0.202	0.191	0.266
Chi-square		229.56***	229.41***	46.30***	67.02***	57.28***	72.46***
样本量		4 135	4 135	993	1 076	1 154	912
Constant		-19.82***	-19.61***	-14.92***	-18.29***	-21.00***	-25.39***
$LnSIZE_{it}$	+	0.78***	0.78***	0.57***	0.68***	0.81***	1.09***

续表

Panel C 解释变量高管报酬 S_{it} 为哑变量（当高管报酬超过中位数，$S_{it}=1$，否则 $S_{it}=0$）							
	预期符号	1	2	3	4	5	6
		全样本	全样本	2002 年	2003 年	2004 年	2005 年
LEV_{it}	-	-2.97***	-2.97***	-2.96***	-2.53**	-1.79*	-4.88***
ROA_{it}	+	2.28	2.22	4.75	2.34	4.33	-2.32
$TOP1_{it}$	+	1.69	1.04**	1.08	1.39	0.83	1.05
$SQTOP1_{it}$	-	-0.69					
S_{it}	?	1.05***	1.05***	0.95***	1.53***	1.01**	0.82**
Pseudo-R^2		0.169	0.169	0.139	0.182	0.163	0.226
Chi-square		209.62***	209.55***	42.22***	62.36***	52.84***	61.24***
样本量		4 135	4 135	993	1 076	1 154	912
Panel D 解释变量高管报酬 S_{it} 为哑变量（当高管报酬位列最高 1/4，$S_{it}=1$，否则 $S_{it}=0$）							
Constant		-19.24***	-19.20***	-15.46***	-17.49***	-20.47***	-24.57***
$LnSIZE_{it}$	+	0.78***	0.77***	0.61***	0.69***	0.79***	1.05***
LEV_{it}	-	-2.92***	-2.92***	-2.99***	-2.40**	-1.79*	-4.82***
ROA_{it}	+	2.70	2.69	5.66	3.26	4.41	-2.32
$TOP1_{it}$	+	1.15	1.04**	0.83	1.20	0.99	1.37
$SQTOP1_{it}$	-	-0.12					
S_{it}	?	0.82***	0.81***	0.75**	0.77**	0.78**	1.01***
Pseudo-R^2		0.161	0.161	0.129	0.150	0.162	0.236
Chi-square		200.01***	200.05***	38.91***	51.19***	52.53***	64.03***
样本量		4 135	4 135	993	1 076	1 154	912

注：*、**、*** 分别表示在 10%、5%、1% 水平上显著。表中第 1、2 栏是全部样本回归结果，第 3 ~ 6 栏是分年度样本回归结果。第 1 栏考虑第一大股东持股比例平方的影响，第 2 ~ 6 栏不考虑第一大股东持股比例平方的影响。Panel A 是以年度前三名高管报酬总额自然对数进行回归的结果，Panel B 是以年度前三名高管报酬总额与资产规模比值进行回归的结果，Panel C、Panel D 分别是以高管报酬是否超过中位数、最高 1/4 定义为哑变量进行回归的结果。

为进一步分析股权结构对回归结果的影响，表 4-4 Panel A 中第 2 栏列示了去除第一大股东持股比例平方变量的回归结果。结果显示，第一大股东持股比例变量（$TOP1_{it}$）变为显著正相关，这意味着从总体上看，大股东的掠夺效应超过监督效应，大股东的持股比例与高质量审计需求成正比。高管激励和其余变量回归结果性质不变，支持假设 4-1。表 4-4 Panel A 中第 3 栏至第 6 栏是分年度模型（4-1）的回归结果，在分年度的回归结果中，各自变量回归系数与第 1 栏、第 2 栏结果类似，只有总资产收益率在 2005 年度的回归系数为负。分年度回归高管激励报酬系数均显著正相关，都支持假设 4-1，即高管激励的代理冲突增加，高质量审计需求与高管激励正相关。

表 4-5 是以国际“四大”替代高质量审计时模型（4-2）的回归结果。表 4-5 分第 1、第 2、第 3 三大栏，第 1 大栏是以 $PAUDITOR_{it}$ 作为解释变量的回归结果，第 2 大栏是以交叉项 $LnS_{it} * PAUDITOR_{it}$ 作为解释变量的回归结果，第 3 大栏是根据 $PAUDITOR_{it}$ 的中位数把样本分组的回归结果。从表 4-5 中可以看出，模型模拟效果较好，对公司价值（$TOBIN_{it}$）的拟合优度除第 3 栏 $PAUDITOR_{it}$ 大于中位数一组的 Adjust-R^2 为 0.282 外，其余各回归 Adjust-R^2 均超过 0.6，表明模型对公司价值解释力较好。考虑到模型（4-2）中高质量审计选择变量的自选择性或内生性，本书采用 Fan and Wong（2005）的方法，把模型（4-2）的回归过程分两步：第一步根据模型（4-1）的回归结果，估计出每个样本公司年对高质量审计需求的概率序列 $PAUDITOR_{it} = \hat{P}(AUDITOR_{it}=1)$，其中

$$\hat{P}(AUDITOR_{it}=1) = \frac{\exp(\hat{\alpha}_0+\hat{\alpha}_1 LnSIZE_{it}+\hat{\alpha}_2 LEV_{it}+\hat{\alpha}_3 ROA_{it}+\hat{\alpha}_4 TOP1_{it}+\hat{\alpha}_5 SQTOP1_{it}+\hat{\alpha}_6 LnS_{it})}{1+\exp(\hat{\alpha}_0+\hat{\alpha}_1 LnSIZE_{it}+\hat{\alpha}_2 LEV_{it}+\hat{\alpha}_3 ROA_{it}+\hat{\alpha}_4 TOP1_{it}+\hat{\alpha}_5 SQTOP1_{it}+\hat{\alpha}_6 LnS_{it})}$$

第二步用 $PAUDITOR_{it} = \hat{P}(AUDITOR_{it}=1)$ 代入模型（4-2）中进行 OLS 回归。表 4-5 中三栏数据均显示，公司规模（$LnSIZE_{it}$）

与公司价值显著负相关，与单变量分析结果一致，结合表4-4，可以认为规模大的公司代理成本较高，或政治管制较多，或成长性较低，不易受到市场追捧，企业市场价值较低。总资产负债率回归系数显著，方向与单变量分析一致，表明债务融资一方面降低融资成本，另一方面还能提高公司治理效率，有利于提升企业市场价值。第一大股东持股比例（$TOP1_{it}$）和持股比例平方（$SQTOP1_{it}$）与 $TOBIN_{it}$ 的回归系数均显著，符号与预期一致，表明大股东持股比例与企业市场价值显著成U形关系。高管报酬变量（LnS_{it}）对 $TOBIN_{it}$ 的回归系数为负，高管激励报酬高的公司，其市场价值反而更低，可能是高的激励报酬更容易诱发代理冲突，其本身是代理成本的一部分，但统计上不显著，这也在一定程度上验证了上文高管激励与高质量审计需求正相关的假设。在第1大栏中，上市公司聘用国际“四大”的概率（$PAUDITOR_{it}$）对 $TOBIN_{it}$ 的回归系数显著为正，支持假设4-2，表明聘用国际“四大”所产生的监督成本能抵消其所能降低的其他代理成本，显著提升公司价值；或国际“四大”作为一个有声誉的审计师品牌，其本身就向市场传递公司积极信号，公司市场价值也因此提高。聘用国际“四大”每增加1%的概率，公司价值增加0.0313，高质量审计的边际效用大于0，支持假设4-2。在第2大栏，高管激励报酬与高质量审计变量的交叉项（$LnS_{it} * PAUDITOR_{it}$）的回归系数显著为正，表明在保持高管激励报酬不变时，聘用高质量审计师能提高企业价值，支持假设4-2；在高管激励报酬为均值451 316.23元的情况下，聘用国际“四大”每增加1%的概率，公司价值增加0.0299，与第1大栏中高质量审计的边际效用接近，说明高质量审计能提升企业价值很大一部分是因为降低了高管激励报酬合约诱发的代理冲突。在表4-5第3栏中，根据 $PAUDITOR_{it}$ 的中位数0.022，把所有样本分成大于中位数和小于中位数两组分别对模型（4-2）进行回归。回归结果显示，$PAUDITOR_{it}$ 大于中位数的样本组的 LnS_{it} 的回归变为显著为正，而 $PAUDITOR_{it}$ 小于中位数的样本组的

LnS_{it}的回归变为正，但不显著，这意味着聘用国际“四大”概率大的公司，高管激励报酬与公司价值显著正相关，而聘用国际“四大”概率小的公司，高管激励报酬与公司价值相关性不显著。第3栏的数据表明，聘用国际“四大”，能降低高管激励报酬诱发的代理冲突，提升企业价值，与第2大栏的结果一致，支持假设4-2。

表4-5 **模型（4-2）回归结果（以国际“四大”替代高质量审计）**

	1	2	3 $PAUDITOR_{it}$ ≥0.022	 $PAUDITOR_{it}$ <0.022
Constant	7.30***	7.45***	2.46***	8.293***
$LnSIZE_{it}$	-0.29***	-0.31***	-0.088***	-0.350***
LEV_{it}	0.64***	0.72***	-0.291***	0.642***
$TOP1_{it}$	-0.86***	-0.68***	-0.40**	-1.564***
$SQTOP1_{it}$	0.75***	0.58***	0.35**	1.634***
LnS_{it}	-0.017	-0.014	0.058***	0.003
$PAUDITOR_{it}$	3.13***			
LnS_{it} * $PAUDITOR_{it}$		0.23***		
Adjust-R^2	0.637	0.634	0.282	0.682
F	763.66	684.12	97.91	523.14
P-value	0.000	0.000	0.000	0.000
D-W值	1.95	1.95	1.95	1.94
样本量	4 135	4 135	2 068	2 067

注：*、**、***分别表示在10%、5%、1%水平上显著。第1大栏是以$PAUDITOR_{it}$为解释变量的回归结果；第2大栏是以交叉项LnS_{it} * $PAUDITOR_{it}$为解释变量的回归结果；第3大栏是根据$PAUDITOR_{it}$中位数把所有样本分成两组回归的结果。$PAUDITOR_{it}$是根据模型（4-1）计算而得的聘用国际“四大”的概率，其中位数为0.022。

表4-6、表4-7是以国内“十大”替代高质量审计时模型（4-1）和模型（4-2）的回归结果。从表4-6Panel A可以看出，模型（4-1）的拟合优度较以国际“四大”替代高质量审计时下降，高管激励报酬 LnS_{it} 的回归系数也要低，但仍然显著为正，支持假设4-1。表4-7中的数据显示，高质量审计 $PAUDITOR_{it}$ 对公司价值（$TOBIN_{it}$）的回归系数仍然显著为正，但数值要小于以国际“四大”替代高质量审计时的回归系数，表明以国内“十大”替代高质量审计时，模型（4-2）的回归结果仍然支持假设4-2。

表4-6　**模型（4-1）回归结果（以国内“十大”替代高质量审计）**

Panel A 解释变量为前三名年度高管报酬总额的自然对数（LnS_{it}）

	预期符号	1	2	3	4	5	6
		全样本	全样本	2002年	2003年	2004年	2005年
Constant		-13.79***	-13.74***	-8.52***	-17.92***	-13.38***	-16.14***
$LnSIZE_{it}$	+	0.25***	0.25***	0.058	0.31***	0.26**	0.42***
LEV_{it}	-	-0.006	-0.007	0.082	-0.022	-1.32	-0.008
ROA_{it}	+	0.36	0.37	0.27	-0.063	1.26	-0.011
$TOP1_{it}$	+	0.90	0.71***	0.29	1.31**	0.32	1.18**
$SQTOP1_{it}$	-	-0.22					
LnS_{it}	?	0.51***	0.51***	0.49***	0.71***	0.46***	0.39***
Pseudo-R^2		0.093	0.093	0.050	0.117	0.066	0.097
Chi-square		236.15***	236.13***	33.09***	73.84***	43.66***	53.62***
样本量		4 135	4 135	993	1 076	1 154	912

续表

Panel B 解释变量为前三名年度高管报酬总额与资产规模自然对数比值（$SDSIZE_{it}$）							
Constant		−14.82***	−14.64***	−10.40***	−17.83***	−12.95***	−22.04***
$LnSIZE_{it}$	+	0.60***	0.59***	0.43***	0.72***	0.52***	0.92***
LEV_{it}	−	−0.17	−0.17	0.038	−0.038	−0.14	−0.61**
ROA_{it}	+	0.81	0.80	0.52	1.22	1.87	−1.18
$TOP1_{it}$	+	1.01	0.43*	0.019	0.91*	0.079	1.09*
$SQTOP1_{it}$	−	−0.64					
$SDSIZE_{it}$	?	8.96***	8.96***	9.76***	16.19***	10.27***	8.65***
Pseudo-R^2		0.063	0.063	0.046	0.135	0.069	0.096
Chi-square		154.75***	154.75***	29.88***	83.37***	43.64***	53.29***
样本量		4 135	4 135	993	1 076	1 154	912

Panel C 解释变量高管报酬 S_{it} 为哑变量（当高管报酬超过中位数，$S_{it}=1$，否则 $S_{it}=0$）							
	预期符号	1	2	3	4	5	6
		全样本	全样本	2002 年	2003 年	2004 年	2005 年
Constant		−8.59***	−8.54***	−3.28***	−10.53***	−8.82***	−12.48***
$LnSIZE_{it}$	+	0.29***	0.29***	0.086	0.35***	0.31***	−12.48***
LEV_{it}	−	−0.013	−0.014	0.083	−0.041	−0.14	−0.030
ROA_{it}	+	0.67	0.67	0.64	0.21	1.58	0.26
$TOP1_{it}$	+	0.77	0.61**	0.22	1.22**	0.19	1.09*
$SQTOP1_{it}$	−	−0.18					
S_{it}	?	0.76***	0.76***	0.23***	1.25***	0.66***	0.48**
Pseudo-R^2		0.088	0.088	0.044	0.127	0.060	0.086

续表

Panel C 解释变量高管报酬 S_{it} 为哑变量（当高管报酬超过中位数，$S_{it}=1$，否则 $S_{it}=0$）							
	预期符号	1	2	3	4	5	6
		全样本	全样本	2002 年	2003 年	2004 年	2005 年
Chi-square		223.55***	223.53***	29.09***	80.78***	39.78***	47.62***
样本量		4 135	4 135	993	1 076	1 154	912
Panel D 解释变量高管报酬 S_{it} 为哑变量（当高管报酬位列最高 1/4，$S_{it}=1$，否则 $S_{it}=0$）							
Constant		-8.60***	-8.60***	-3.86*	-10.57***	-8.88***	-11.61***
$LnSIZE_{it}$	+	0.31***	0.31***	0.12	0.39***	0.32***	0.43***
LEV_{it}	-	-0.017	-0.017	0.070	0.090	-0.15	-0.022
ROA_{it}	+	0.84	0.84	0.82	0.52	1.65	0.16
$TOP1_{it}$	+	0.54	0.52**	0.015	1.01*	0.19	1.14**
$SQTOP1_{it}$	-	-0.016					
S_{it}	?	0.63***	0.63***	0.64***	0.69***	0.44**	0.76***
Pseudo-R^2		0.077	0.077	0.029	0.083	0.052	0.099
Chi-square		194.03***	194.03***	18.67***	51.64***	34.16***	54.86***
样本量		4 135	4 135	993	1 076	1 154	912

注：*、**、*** 分别表示在 10%、5%、1% 水平上显著。表中第 1、2 栏是全部样本回归结果，第 3～6 栏是分年度样本回归结果。第 1 栏考虑第一大股东持股比例平方的影响，第 2～6 栏不考虑第一大股东持股比例平方的影响。Panel A 是以年度前三名高管报酬总额自然对数进行回归的结果，Panel B 是以年度前三名高管报酬总额与资产规模比值进行回归的结果，Panel C、Panel D 分别是以高管报酬是否超过中位数、最高 1/4 定义为哑变量进行回归的结果。

表 4-7 模型（4-2）回归结果（以国内“十大”替代高质量审计）

	1	2	3	
			$PAUDITOR_{it}$ ≥0.151	$PAUDITOR_{it}$ <0.151
Constant	9.40***	8.19***	2.639***	7.671***
$LnSIZE_{it}$	-0.34***	-0.31***	-0.087***	-0.335***
LEV_{it}	0.69***	0.70***	-0.224***	0.633***
$TOP1_{it}$	-1.09***	-1.03***	-0.320**	-1.550***
$SQTOP1_{it}$	1.01***	1.058***	0.260*	1.677***
LnS_{it}	-0.12	-0.075	0.041***	0.030
$PAUDITOR_{it}$	2.88***			
$LnS_{it} * PAUDITOR_{it}$		0.142***		
Adjust-R^2	0.668	0.666	0.259	0.672
F	897.18	891.11	87.02	497.60
P-value	0.000	0.000	0.000	0.000
D-W 值	1.80	1.80	1.80	1.78
样本量	4 135	4 135	2 068	2 067

注：*、**、*** 分别表示在 10%、5%、1% 水平上显著。第 1 大栏是以 $PAUDITOR_{it}$ 为解释变量的回归结果，第 2 大栏是以交叉项 $LnS_{it} * PAUDITOR_{it}$ 为解释变量的回归结果，第 3 大栏是根据 $PAUDITOR_{it}$ 中位数把所有样本分成两组回归的结果。$PAUDITOR_{it}$ 是根据模型（4-1）计算而得的聘用国内“十大”的概率，其中位数为 0.151。

4.3.4　稳健性检验

（1）由于上市公司在制定高管激励报酬时，往往要考虑公司规模

规模大的公司经营复杂性较大，对高管能力的要求较高，因此规模大的公司高管激励报酬相应要高。表4-2中 $LnSIZE_{it}$ 与 LnS_{it} 的相关系数为0.323，尽管对模型（4-1）回归没有产生严重多重共线性，但为了判断模型（4-1）回归结果的可靠性，本书以高管激励报酬与公司资产规模的比值（以 $SDSIZE_{it}$ 表示）代替高管报酬变量，减少公司规模对高管激励报酬回归系数的影响，重新对模型（4-1）进行稳健性检验，回归结果见表4-4 Panel B和表4-6Panel B。由表4-4 Panel B和表4-6Panel B可以看出，以高管报酬与公司资产规模的比值代替高管激励报酬变量后，解释变量 $SDSIZE_{it}$ 的回归系数仍显著为正，结果支持假设4-1，即高管激励报酬越高的公司选聘国际“四大”或国内“十大”的可能性越大。

（2）上述回归分析中，高管报酬变量采用连续变量

由于高管报酬决定因素非常复杂，采用连续变量可能会使回归过程稳定性受到影响，表4-4和表4-6的Panel C、Panel D分别是以哑变量形式定义高管激励报酬变量（以 S_{it} 表示）的回归结果。Panel C中，当高管激励报酬超过所有样本上市公司中位数时，$S_{it}=1$，否则 $S_{it}=0$；Panel D中，当高管激励报酬位列所有样本上市公司最高1/4时，$S_{it}=1$，否则 $S_{it}=0$。回归结果显示，高管报酬回归系数仍显著为正，即高管报酬高的公司倾向于选聘国际“四大”或国内“十大”，支持假设4-1。

4.4　本章小结

本章以我国证券市场2002—2005年的数据为样本，以聘用国

际“四大”或国内“十大”作为高质量审计的替代，检验了高管激励报酬与高质量审计需求的影响。研究发现，在控制了其他变量后，上市公司高管激励报酬与聘用国际“四大”或国内“十大”的概率均显著正相关。为了避免资产规模的影响，以高管激励报酬与公司资产规模的比值替代高管报酬变量进行稳健性检验，发现高管激励报酬与公司资产规模的比值和聘用国际“四大”或国内“十大”的概率仍显著正相关；以高管激励报酬是否超过所有样本中位数，或是否位列所有样本最高1/4为标准，用哑变量定义高管报酬变量进行稳健性检验，显著性不改变。

本章还检验了高质量审计或高质量审计和高管激励报酬变量交叉项对公司价值的影响，研究发现，高管激励报酬与公司市场价值负相关，但不显著；在以国际“四大”或国内“十大”作为高质量审计的替代时，高质量审计或高质量审计和高管报酬变量的交叉项与公司价值显著正相关。

上述研究结果表明，我国上市公司高管激励报酬合约存在代理冲突增加效应，高管激励报酬高的公司对高质量审计需求也较高，高质量审计能缓解这种代理冲突增加效应，并能提升公司价值。

5 高管激励、盈余管理与审计意见

5.1 引 言

盈余管理是学术界在20世纪80年代兴起的一个重要研究领域。正如图5-1所示，美国公司盈余管理程度有不断上升趋势（Bergstresser and Philippon，2006）。在我国，上市公司盈余管理行为也十分普遍，并呈现递增趋势（王亚平等，2005）。过度的盈余管理将损害资本市场的资源配置效率，并进而扰乱市场经济的秩序（魏明海，2000），20世纪初美国安然、世界通讯、银广厦等国内外公司财务丑闻所引发的一系列资本市场问题就证明了这一点。

激励报酬合约通常被认为是公司盈余管理行为的动机之一（Watts and Zimmerman，1986）。正如Berle and Means（1932）所描述，现代公司的显著特征是所有权和经营权的分离，在股权高度分散的情况下，投资者“搭便车”的现象普遍存在，经营者凭借其经营才能和先天的优势地位享有公司实际上的控制权，包括对会计政策的剩余选择权（谢德仁，2001），并进而侵占所有者的利益（Shleifer and Vishny，1997）。此时，具有激励作用的报酬安排被认为是解决所有权和经营权分离带来的代理问题的一种重要公司治理机制，能够使经营者与所有者利益趋于一致。但大多数高管激励是以会计信息为基础的，报酬合约的存在使高管出于个人利益最大

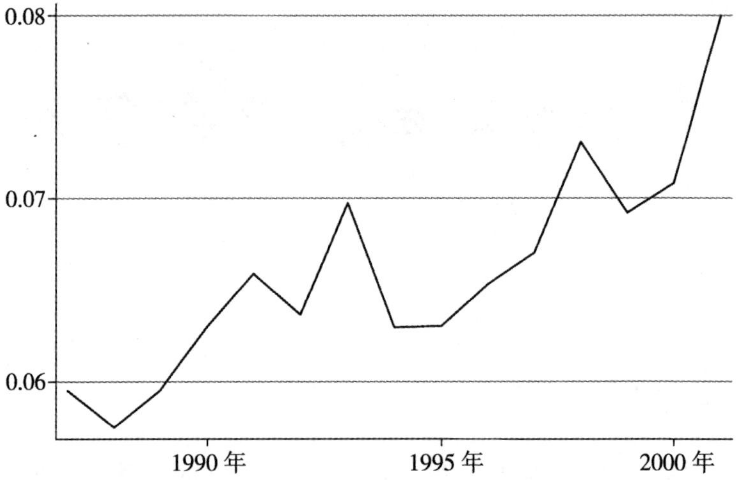

图5-1 盈余管理程度（总应计项目）的上升趋势

资料来源 Bergstresser and Philippon（2006）.

化的动机，利用会计政策的选择权或通过改变账面收益而进行盈余管理（Hagerman et al.，1979；Watts and Zimmerman，1986）[①]。因激励合约而诱发的高管盈余管理行为是与最大化股东利益的“最优报酬契约观”[②] 相背离的，其实现的是高管私人利益，损害的是众多利益相关者的利益[③]，并最终影响资本市场的资源配置，实际上是企业代理问题的一部分。

激励与约束是一个问题的两个方面[④]。一方面，激励合约安排是解决我国上市公司所有者与管理者代理冲突问题、提高公司竞争

① 因会计盈余具有信息含量而影响市场价格，以非会计盈利（如市场价格）为基础的报酬计划也可能会诱发盈余管理。

② 最优报酬契约观认为公司董事会会基于股东利益最大化制定经理人报酬，见Bebchuk and Fried（2003）。

③ 当然，因报酬计划而进行的盈余管理在满足管理者私人利益的同时，也可能会使所有者或其他利益相关者受益。

④ 公司约束机制包括很多方面，如内部的董事会制度、独立董事制度以及外部接管市场、控制权争夺市场，审计也是外部约束机制的一部分。

力的重要措施；另一方面，失去监督和约束的激励合约安排可能会引起高管私人利益最大化的盈余管理行为①。现代企业理论把企业看成一系列合约的联合体，各合约人之间又存在着利害冲突。作为公司外部监督和担保机制，高质量审计可以缓解企业代理问题（Jensen and Meckling，1976；Watts and Zimmerman，1983）。从现有研究文献看，更多的是涉及激励安排引起的盈余管理程度、分布的研究，而对此类盈余管理的监督与约束较少涉及，特别是从审计角度研究外部审计对激励合约产生的盈余管理行为进行识别和监督的文献更少。与股权较分散的西方发达国家不同的是，股权高度集中、政府作为最终控制人是我国上市公司的主要特征，同时，法律环境又不够完善，公司控制权市场不发达，高质量外部审计是我国上市公司治理的重要机制（Fan and Wong，2005）。因此，研究外部审计对我国上市公司高管激励诱发的盈余管理行为的监督与约束，对降低上市公司代理成本、提升公司价值具有重要意义。

本章的贡献在于：基于外部审计监督视角对我国上市公司高管激励合约与盈余管理相关性进行了检验，揭示了我国上市公司高管激励诱发盈余管理行为的动机，验证了外部审计对高管激励报酬诱发盈余管理行为的识别作用，发现高管激励报酬诱发“信息传递”型盈余管理，而审计师出具合理审计意见。与其他研究不同的是，本书考虑了相关公司治理机制或管理者权力②对高管激励报酬诱发盈余管理行为的影响，从实际控制人性质、股权集中度、股权制衡、董事会特征、两职兼任等五个方面衡量高管权力的大小，检验了公司治理机制或高管权力不同时，高管激励报酬诱发盈余管理的

① 报酬激励中高管的代理冲突行为除了盈余管理外，还包括财务舞弊、程序不公正、不良投资项目等。

② 公司治理机制和管理者权力是两个相对应的概念。公司治理是一套保证各方利益最大化的制衡机制（吴敬琏，1994；钱颖一，1995；李维安，2001），完善的公司治理机制能把管理者权力控制在合适的范围内，如果公司治理机制不完善，管理者权力将会膨胀，管理者的行为将以私人利益最大化为目标，下文在提到高管权力时，实际上就是在论及相应公司治理机制的完善性。

特征以及外部审计的识别和监督作用。本书借鉴 Gul, Chen and Tsui（2003）的研究方法度量高管激励诱发盈余管理的程度，并在其基础上引入公司治理或高管权力变量，用审计意见类型来测度审计质量，通过建立模型检验了高管激励报酬、盈余管理与审计质量的关系。后文的安排如下：5.2 对相关理论和制度背景进行分析和讨论，详细阐述了高管报酬、盈余管理与审计质量的关系，并提出假设；5.3 是研究设计，包括样本的选取和研究方法；5.4 是实证结果及分析；5.5 是本章结论。

5.2 理论分析与研究假设

5.2.1 理论分析

（1）高管激励、高管权力与盈余管理的关系

激励报酬合约通常被认为是管理者进行盈余管理行为的动机之一，不过，学者们对高管激励报酬是否诱发盈余管理的实证研究并没有得到一致结论。Healy（1985）认为，公司盈余低于奖金红利计划下限时，高管将采取“洗大澡”（take a bath）的负向盈余管理行为。而 Holthausen et al.（1995）、Gaver et al.（1995）认为，在报酬合约规定的盈余上下限内，高管出于盈余平稳化的动机而进行盈余管理。Gul, Chen and Tsui（2003）根据 DeAngelo（1988）、Subramanyam（1996）[①] 等的研究，把管理层的盈余管理行为分为“机会主义”（opportunistically）盈余管理和“信息传递”（informationally）盈余管理两类，通过审计费

① Subramanyam（1996）认为有效资本市场能为盈余管理定价（Price DAs），并对盈余管理定价提出两种假设：（1）信息传递观，指利用盈余管理提高盈余报告反映公司价值的能力（Watts and Zimmerman, 1986；Holthausen, 1990），如通过盈余管理来消除利润的短期波动，传递历史成本基础会计盈余相关信息；（2）机会主义观，指利用盈余管理来扭曲会计盈余，以达到获取私人利益的目的。

用与管理层激励、盈余管理相关性的检验，发现管理层持股诱发的更多是信息传递盈余管理，在此基础上现金激励容易诱发机会主义盈余管理行为。DeFond and Park（1997）研究发现出于对被解雇危险的考虑，管理者会利用盈余管理对未来业绩和当前业绩进行平滑。在我国，有大量证据表明上市公司出于融资要求及“保壳”等动机而进行盈余管理（孙铮和王跃堂，1999；陆建桥，1999；陈小悦，2001），但对高管激励是否会诱发高管盈余管理行为也存在两种观点：高管激励不会诱发盈余管理和高管激励会诱发盈余管理。王跃堂（2000）发现，决定上市公司会计政策选择行为的不是高管薪酬，而是证券市场的监管政策、公司治理结构、公司经营水平等；刘斌等人（2003）通过对我国上市公司 CEO 薪酬和业绩的互动性研究，没有发现 CEO 薪酬与盈余管理动机相关的证据。近年来的研究都发现高管报酬与盈余管理均存在显著相关性，邹海峰和陈晓（2007）发现上市公司利润操纵行为与实际控制人股权集中度、管理层报酬之间存在显著负相关性，上述关系在实际控制人为非国家股股东时更加明显，在实际控制人为国家股股东时则不显著。王克敏和王志超（2007）选取2001—2004 年我国上市公司为样本，研究发现高管激励与盈余管理程度正相关，高管控制权的存在使得高管寻租空间增大，反而降低了高管激励报酬诱发盈余管理的程度。李延喜等人（2007）也发现管理层薪酬水平与调高的操控性应计利润正相关，董事会监管机制对盈余管理行为制约作用不明显。朱星文等人（2008）运用我国上市公司 2004 年数据，研究发现当经理报酬契约基于会计业绩设计时，经理有动机为增加其报酬进行盈余管理，而董事会对经理该种盈余管理行为没有起到监督作用。

上述研究高管激励与盈余关系的逻辑思路是高管通过盈余管理来提高其激励报酬，但都忽略了管理者权力在激励安排中的影响。

尽管王克敏和王志超（2007）、李延喜等人（2007）引入公司治理或管理者权力变量，但他们仍然把管理者激励报酬或管理者权力看做没有相互影响的外生变量，忽视了变量之间的交互影响。卢锐（2008）考虑了管理者权力与报酬的交互影响，通过分组回归检验，发现在管理者权力更大时，盈余管理程度更高，并因此获得更高的激励报酬。实际上，现代公司的激励报酬安排总是在相应的公司治理机制下进行的，而任何公司治理机制难以达到足够完善，总会滋生一定的管理者权力，进而影响激励安排的制定、履行。首先，管理者权力的存在是现代企业报酬与激励制度产生的主要根源。现代企业经营权和所有权的分离、信息不对称导致“弱所有者，强管理者”现象的存在，报酬与激励有利于缓解所有者和管理者之间的冲突（Jensen and Meckling，1976）。其次，管理者权力对激励报酬安排的制定有重要影响。按照 Bebchuk and Fried（2003）的观点，尽管高管报酬由董事会下属的薪酬委员会制定，但董事会大多成员，如独立董事和外部董事都是由经理层提名并由经理层确定其报酬，在股权分散的公司，管理者权力影响报酬安排现象大量存在，而在股权集中的公司，大股东可以监督管理者的行为，参与企业的决策控制，管理者权力对激励报酬安排的影响程度较小。股权高度集中是我国上市公司的特征，其另外一个显著特征是绝大多数公司的最终控制人为政府，政府作为最终控制人的虚位，再加上法律环境不完善，公司治理机制效率较差，“弱所有者，强管理者”现象当前在我国证券市场依然严重。大量文献研究发现，我国上市公司由国家或政府控制时，代理问题比较严重，业绩或价值较差（徐晓东和陈小悦，2003；夏立军和方轶强，2005）。平新乔、范瑛和郝朝艳（2003）根据“2002 年国有企业改制调查”中的激励工资数据，对国有企业代理成本的规模、原因做了估计与分析，结果发现，我国国有企业的代理成本，相当于 60% ~70% 的利润潜力，其中委托人（政府的国资管理机构）对客观随机冲击、代理人风险规避参数及努力的边际成本递增率缺乏充分信息所产生的代理成本占总代理成本的2/3，而由代理人风险规避所导致的代理成本占1/3。朱羿锟（2005）研究认为大量灰色董事充斥于独立董事队伍，影响薪酬委员会的独立性，而且董事会的潜规则也对独立董事客观评议管理层薪酬产生影响。上述研究结果与现象说明，在我国，上市公司可能存在高管权力影响激励薪酬制定现象（卢锐，2008）。

高管权力影响激励安排是否意味着对激励诱发盈余管理的影响？一般而言，高管权力影响薪酬制定的方式主要包括增加非货币报酬、直接增加货币报酬①、盈余管理、财务舞弊等形式（Shleifer and Vishny，1997；Bebchuk and Fried，2003）。高管可通过在职消费等非货币性报酬获取收益，并通常在会计报告中以管理费用等科目形式反映出来，但非货币性收益受到公司预算控制，特别是在业绩不好、现金流紧张时，容易引起监管层的注意。公司业绩不好或增长不快时，高管直接增加货币报酬，大幅提高自身现金薪酬，显然也容易引起监管层注意。相对于前两种方式，利用盈余管理可能风险较小。盈余管理是利用高管的会计政策剩余选择权，通过对会计业绩的调整达到目标报酬，报酬安排的业绩敏感程度较稳定，隐蔽性较高，外部监督一般难以发现，而且盈余管理造成的业绩提升能给高管带来职位晋升以及未来更大的控制权收益（卢锐，2008），特别是在业绩下滑时，增加非货币报酬或直接增加货币报酬容易引起监管层或社会公众的注意。因此，在高管权力较小或公司治理机制完善，监管层监督力度较强时，高管可能选择风险较小的盈余管理方式来获取高额报酬；而在高管权力较大或公司治理机制薄弱，监管层监督力度较小时，高管可能选择风险较大的其他方式获取高额报酬。

① 指增加激励强度或敏感度。

（2）盈余管理与审计监督

因激励诱发的盈余管理扭曲了上市公司真实报告收益，误导投资者的决策，也使得企业激励安排的激励作用难以实现（Watts and Zimmerman，1986）。外部审计作为公司治理机制的重要组成部分，负有对上市公司财务报告信息质量进行鉴证的责任，高质量审计应该有能力辨析盈余管理行为，并通过审计报告反映出来，这也是本章要研究的主要问题。国内外许多研究也表明，外部审计在一定程度上能关注并揭示盈余管理行为（Francis et al.，1999）。Gul，Chen and Tsui（2003）发现澳大利亚上市公司管理层激励诱发的盈余管理能显著提高审计师的审计费用，说明审计师能辨析盈余管理行为并提高审计风险意识。Chen，Chen and Su（2001）以沪、深股市1995—1997年的上市公司为研究对象，发现审计意见能揭示上市公司的盈余管理行为。夏立军（2001）对监管诱导性盈余管理与审计意见之间的关系进行了研究，整体上没有发现审计师能揭示盈余管理。章永奎和刘峰（2002）以出具非标准无保留审计意见作为高质量审计替代，发现我国审计师能够在一定程度上关注盈余操纵。徐浩萍（2004）也发现我国审计师在一定程度上能鉴别上市公司盈余管理行为，盈余管理程度越高的公司更容易被审计师出具非标准审计意见，并且审计师对非经营性应计利润盈余管理的辨别能力更高。刘运国等人（2006）发现审计费用在一定程度上与盈余管理正相关。

5.2.2 研究假设

本章研究审计师对高管激励诱发的盈余管理的监督作用，具体要检验审计师是否能辨析高管激励报酬诱发的盈余管理行为，并根据盈余管理程度和性质出具合理审计意见。

注册会计师在进行审计时是按照审计准则的要求，对上市公司的财务报告的公允性和合法性发表意见，我国注册会计师审计准则对审计程序和审计意见的出具标准进行了规范。注册会计师在出具审计报告时应结合可能存在的审计风险，当可能存在的审计风险超过容忍限度时，将对客户会计报告出具非标准无保留审计意见。Subramanyam（1996）根据盈余管理动机把盈余管理划分为“机会主义”盈余管理和“信息传递”盈余管理，市场能对这两类盈余管理合理定价。审计师对这两种类型的盈余管理的审计风险评估是不同的，并影响其出具审计意见的类型。“机会主义”盈余管理在未来不可实现，主要是用来遮蔽不好的业绩（Warfield et al.，1995），审计风险较大，审计师无法判断其真实性，在与被审计客户意见不一致时，审计师应当在审计报告中根据情节轻重对其分别出具带解释段的无保留意见、保留意见、拒绝发表意见或者否定意见。“信息传递”盈余管理在未来可以实现，能传递企业未来良好的经营状况，审计风险较小，审计师容易对其出具标准无保留审计意见。实际的公司盈余管理中的动机可能是多方面的，既存在“机会主义”盈余管理，也存在“信息传递”盈余管理，审计师应综合判断不同盈余管理对审计风险和审计意见的影响。

我国上市公司主要出于融资要求及“保壳”等动机而进行盈余管理（孙铮和王跃堂，1999；陆建桥，1999；陈小悦，2001），预期的经营绩效、避免亏损决定着管理层管理盈余的愿望以及为此所需要付出的努力程度（王亚平等，2005；孙亮和刘春，2008），这种因盈余管理而表现出良好业绩的公司在未来经营过程中业绩往往不能持续。因此，从总体上而言，我国上市公司的盈余管理属于“机会主义”盈余管理，当上市公司会计报告中盈余管理程度越大时，审计师出具非标准无保留审计意见的可能性越大，据此提出本章假设 5-1：

假设 5-1：在其他条件相同的情况下，上市公司盈余管理程度与被出具非标准审计意见的概率正相关。

管理者因激励契约而进行盈余管理是实证会计理论三大假设之一（Watts and Zimmerman，1986），朱星文等人（2008）也发现我国上市公司通过盈余管理确实能提高高管报酬，但到目前为止没有研究对因高管激励诱发的盈余管理的类别进行识别。出于最大化自身报酬的考虑，高管会利用自由决策权力进行“机会主义”盈余管理，而且激励程度越大进行盈余管理的程度也可能越大。该类盈余管理降低了财务信息的质量，增加了公司代理成本，审计师对此应增加出具非标准审计意见的可能性，据此提出本章假设 5-2 以验证我国上市公司高管激励诱发的盈余管理识别及审计的监督效果：

假设 5-2：在其他条件相同的情况下，高管激励越大，诱发的盈余管理程度越大，上市公司因此被出具非标准审计意见的概率增大。

根据前文理论分析，高管在激励报酬合约制定中话语权的大小会影响高管在激励合约中最大化自身利益的形式。当高管权力较小时，相对于增加非货币报酬、直接增加货币报酬、财务舞弊等其他方式，利用盈余管理进行利润操纵以达到提高报酬的目的这种形式的风险要小，被监管层发现的概率较小，高管通过盈余管理达到增加报酬的可能性也比较大，审计师因盈余管理出具非标准审计意见的概率较大；当高管权力较大时，高管在激励报酬合约制定中有充分的话语权，通过其他方式增加报酬的边际效益超过通过盈余管理增加报酬的边际效益，高管通过盈余管理获取高额报酬的可能性较小，审计师因盈余管理出具非标准审计意见的概率较小。据此提出本章假设 5-3：

假设 5-3：在其他条件相同的情况下，高管权力与高管激励诱发的盈余管理程度负相关，并进而影响审计师对盈余管理出具非标准审计意见的概率。

5.3 研究设计

5.3.1 主要变量的选取

（1）审计质量的衡量

与本书第4章不同，本章采用审计意见来衡量审计质量，其逻辑推理是：高质量审计应能识别盈余管理程度及类别，并根据程度和类别出具不同的审计意见；高质量审计对“机会主义”盈余管理出具非标准无保留审计意见，而对“信息传递”盈余管理出具标准无保留审计意见。本章之所以采用审计意见来衡量审计质量，是因为本章主要研究外部审计对高管激励诱发的盈余管理的识别作用，而审计意见是公开披露的审计最终结论。关于审计意见与盈余管理相关关系的研究有两种方法：一是以盈余管理程度为因变量，检验不同审计意见对盈余管理程度是否有影响；另一种方法是以审计意见为因变量，检验审计师对盈余管理程度的识别、监督作用。本书采取后一种方法。不同的审计意见就意味着不同质量的会计报告或盈余管理程度和类别，有研究发现审计意见具有信息含量（Chen et al.，2000；张奇峰，2007），对公司股价会产生影响。因此，为了维持公司市场声誉，保持自身在公司的地位，高管很在乎公司被出具何种类型的审计意见。本章把审计意见分成两类：标准无保留审计意见和非标准无保留审计意见。后者包括无保留有解释段意见、保留意见、拒绝发表意见或者否定意见。

（2）盈余管理程度的衡量

盈余管理指上市公司为特定目的而对盈利进行操纵的行为（章永奎和刘峰，2002），其主要途径是公司管理人员利用会计报告收益的主观可操纵性应计利润部分（discretionary accruals）对会计报告收益进行调整（魏明海等，2000）。可操纵性应计利润部分主要包括应计项目和线下项目。应计项目主要由流动性资产和流动性负债项目构成，如应收账款、存货、应付账款等；线下项目主要由投资收益、营业外收入、营业外支出和补贴收入等非经常性损益项目构成。在国外成熟证券市场上，上市公司主要通过应计项目进行盈余管理；在我国，由于特殊的制度背景，线下项目可能是上市公司进行盈余管理的主要途径。因此，本书将采用线下项目和应计项目分别测度盈余管理程度。

①年度线下项目指标 $=\frac{\text{年度线下项目合计数}}{\text{年末总资产}}$

$=\frac{\text{年度投资收益+营业外收支净额+补贴收入}}{\text{年末总资产}}$

②应计项目的计算

国外学者提出了多个模型来估计应计项目。根据 Guay et al.（1996）的研究，Jones 模型和截面修正的 Jones 模型比其他模型能更好地揭示公司盈余管理程度，王克敏和王志超（2007）利用陆建桥（1999）提出的扩展 Jones 模型验证了我国上市公司高管报酬与盈余管理存在相关性，本书将采用陆建桥（1999）提出的扩展 Jones 模型来估计应计项目，模型如下：

$$\frac{TA_{it}}{A_{it-1}}=\alpha_0\frac{1}{A_{it-1}}+\alpha_1\frac{\Delta REV_{it}-\Delta REC_{it}}{A_{it-1}}+\alpha_2\frac{PPE_{it}}{A_{it-1}}+\alpha_3\frac{InAssets_{it}}{A_{it-1}}+\varepsilon_{it} \quad (5-1)$$

$$NDA_{it}=\hat{\alpha}_0\frac{1}{A_{it-1}}+\hat{\alpha}_1\frac{\Delta REV_{it}-\Delta REC_{it}}{A_{it-1}}+\hat{\alpha}_2\frac{PPE_{it}}{A_{it-1}}+\hat{\alpha}_3\frac{InAssets_{it}}{A_{it-1}} \quad (5-2)$$

$$DA_{it}=\frac{TA_{it}}{A_{it-1}}-NDA_{it} \quad (5-3)$$

其中：TA_{it}=公司 i 第 t 年的净利润（NI_{it}）-公司 i 第 t 年的经营活动现金流量（CFO_{it}），表示公司 i 第 t 年包含线下项目的总应计利润；

A_{it-1}表示公司 i 第 t-1 年末总资产；

ΔREV_{it}表示公司 i 第 t 年和第 t-1 年主营业务收入差额；

ΔREC_{it}表示公司 i 第 t 年末和第 t-1 年应收账款差额；

PPE_{it}表示公司 i 第 t 年末固定资产原值；

$InAssets_{it}$表示公司 i 第 t 年末无形资产和其他长期资产余额之和；

$\hat{\alpha}_0$，$\hat{\alpha}_1$，$\hat{\alpha}_2$，$\hat{\alpha}_3$ 是 α_0，α_1，α_2，α_3 的估计值，由模型（5-1）根据全部样本数据 OLS 回归取得；

NDA_{it}和 DA_{it}分别表示公司 i 经过第 t-1 年末总资产调整的第 t 年非操纵性应计利润与可操纵性应计利润，分别根据模型（5-2）和模型（5-3）计算而得；

ε_{it}为残差项。

（3）高管权力指标的选择

对于高管权力指标的选择，因研究目的、问题背景的不同，国内外文献使用的方法存在差异。Hu and Kumar（2004）以 CEO 的任期和服务年数、董事会独立性（以外部董事比例表示）、CEO 是否兼任董事长、CEO 是否两年内退休、是否存在大股东等指标综合反映管理层权力。Cheng（2005）以连续五年业绩都位于同行业最后 25% 区间但 CEO 在第六年仍然在位的企业作为研究样本，这类企业高管的权力往往较大。Bebchuk et al.（2002）则认为管理层权力较大的企业主要存在于股权较为分散的公司。卢锐（2008）以董事长和总经理两职兼任定义管理层权力，王克敏和王志超（2007）以董事长和总经理两职兼任、总经理是否来自大股东同时来定义管理层权力，黎文靖（2007）以管理层连续在位来定义管理层权力，当董事长或总经理在 IPO 之前开始任职且在 IPO 之后至少四年仍然在位时，就表示管理者的权力较大，反之则表示管理者的权力较小。

本书高管的范围限定在高级经理人员，高管报酬采用上市公司年报中披露的最高前三名高管年度报酬总额，因此，对上述文献中采用的任期年限、总经理是否来自大股东不能适用。激励报酬是作为代理人的高管与委托人之间的谈判过程，高管权力的大小影响激励报酬的内容和形式。本书基于公司治理的角度，认为公司治理是在利益相关人之间进行权力配置与制衡的机制，其最终目的是使企业价值最大化，而不是某私人利益的最大化。公司治理越完善，管理者权力受到的约束越规范，高管在激励报酬合约中“滥用”权力的现象就会得到遏制。因此，本书从上市公司实际控制人①性质、股权集中度、股权制衡度、董事会中独立董事比例、两职兼任等五个方面来衡量高管权力的大小。

①实际控制人性质。La Porta et al.（1999）发现大多数国家的大公司的控股股东利用金字塔结构、交叉持股等方式建立控制链，而其控股股份反过来又可能通过这样的控制链落在某个终极所有者手中，终极所有者可能是政府或家族。刘芍佳等人（2003）研究认为终极产权性质不同会造成不同的代理效率损失，影响企业绩效。相对于终极控制人为家族或自然人，对终极控制人为政府的公司而言，由于最终委托人的虚位，从最终控制人到控股股东之间的控制链会造成更大的效率损失，控制链中各级代理人决策权较大，特别是在高管激励报酬制定过程中较少受到终极控制人的制约。另一方面，终极控制人为政府的公司，因考虑到社会公平问题，往往要承担一些社会责任，在高管薪酬方面会受到额外的管制②。因此，本书根据上市公司控股股东最终控制人的性质，即实际控制人的性质分为两类：实际控制人为政府或实际控制人为非政府。政府控制对高管激励报酬安排中的权力制衡有双方面的影响，当高管货币性薪酬方面的管制影响小于最终委托人虚位的影响时，

---

① 按照 La Porta et al.（1999）的研究，终极控制人指在公司股权控制链条中通过直接或间接持有公司股份而对公司拥有实际控制权的最终控制者，而实际控制人指公司控股股东的最终控制人，我国上市公司年报只披露了控股股东的最终控制人，这和用 La Porta et al.（1999）的方法所得到的最终控制人的持股比例有所区别，但控制人的性质应是一致的。

② 我国国有企业高管薪酬管制主要局限于货币性薪酬，如规定薪酬与业绩挂钩、企业领导与员工薪酬差距不能过大，而有关非货币性薪酬并未受到更多管制（李增泉等人，2004；陈冬华等人，2005），具体可参见本书第 3 章。

高管权力较大，反之则高管权力较小。不过就非货币性报酬[①]而言，政府控制的公司存在管制影响较少，高管权力较大。

②股权集中度。上市公司股权越集中，大股东对高管的监督边际效用越大，高管在激励报酬合约安排中权力越小；另一方面，股权越集中，大股东“掏空”上市公司、侵占中小股东利益的边际效用越大，并有可能与内部高管合谋，给予高管在激励报酬合约中更大的权力。

③股权制衡度。当控股股东以外的其他大股东持股比例越大时，其他大股东参与监督公司管理者的积极性越高，并能制约控股股东与内部高管的合谋，替换不合格的高管，具有公司内部控制权市场效应，高管在激励报酬合约中权力越小。

④董事会中独立董事比例。从理论上说，独立董事为了维持其信誉，能够发挥较好的监督效果。独立董事比例越高，公司治理机制越完善，高管权力越小，但也有我国上市公司独立董事没有发挥治理效率的证据（朱羿锟，2005）。

⑤两职兼任。公司管理层包括董事会和高级经理层，但董事会与高级经理层的性质是不一样的，按照 Fama and Jensen（1983）的观点，董事会代理所有者行使部分决策控制权，包括制定高级经理的报酬等决策，董事长是董事会的主要决策者，而高级经理层只是享有决策经营权。因此，当总经理兼任董事长时，高管实际上掌握公司较大权力。

5.3.2 样本选取和数据来源

中国证监会 2001 年 12 月 22 日发布《公开发行证券的公司信息披露编报规则第 14 号——非标准无保留审计意见及其审计事项的处理》，对上市公司审计意见类型进行了强调和规范，考虑到

① 李增泉等人（2004）认为，我国国有企业为激励经营者，更倾向于采用非货币报酬的激励。

2005 年上市公司开始实施股权分置改革对公司治理机制发生影响、2006 年新会计准则和审计准则颁布对审计实施的影响，本书主要选取 2002—2005 年深沪两市上市公司为样本，并按下列顺序筛选样本：

（1）剔除金融类上市公司。金融类公司的财务指标的含义与其他公司不同，会计处理也存在较大差异，审计师需求与其他公司也存在差异。另外，金融类公司经营特征、经营风险和高管薪酬体制与其他类型企业也可能不同。

（2）剔除当年上市的公司。有研究发现 IPO 对公司的审计需求及盈余管理行为有影响。

（3）剔除 2005 年开始实施股权分置改革的公司。中国上市公司从 2005 年起实施股权分置改革，为避免股权分置改革带来的流通股权结构变动的影响，去除开始实施股权分置改革的公司。

（4）剔除部分数据不全的公司。

经过上述筛选，最终确定 4 015 个样本公司年观测值，数据取自深圳国泰安公司与香港理工大学联合开发的 CSMAR 数据库以及北京色诺芬公司与北京大学中国经济研究中心联合开发的 CCER 数据库。

5.3.3 回归模型设定

根据上述理论分析，本书构建以下 Logistic 回归模型：

$$\begin{aligned}OPINION_{it} = {} & \alpha_0 + \alpha_1 LnSIZE_{it} + \alpha_2 LEV_{it} + \alpha_3 INVERC_{it} + \alpha_4 ROA_{it} + \alpha_5 INC_{it} + \\ & \alpha_6 IDOW_{it} + \alpha_7 TOP1_{it} + \alpha_8 HERF5_{it} + \alpha_9 IND_{it} + \alpha_{10} DUA_{it} + \alpha_{11} AEM_{it} + \\ & \alpha_{12} LnS_{it} * AEM_{it} + \alpha_{13} IDOW_{it} * LnS_{it} * AEM_{it} + \alpha_{14} TOP1_{it} * LnS_{it} * \\ & AEM_{it} + \alpha_{15} HERF5_{it} * LnS_{it} * AEM_{it} + \alpha_{16} IND_{it} * LnS_{it} * AEM_{it} + \alpha_{17} \\ & DUA_{it} * LnS_{it} * AEM_{it} + \text{fixed effect} + \mu_{it} \qquad (5\text{-}4)\end{aligned}$$

其中，α_0 为常数项，$\alpha_1 \sim \alpha_{17}$ 为系数，μ_{it} 为残差项。

模型（5-4）中各变量的含义如下：

(1) 因变量

$OPINION_{it}$，哑变量，表示t时期i公司的审计意见类型，当上市公司年度报告被出具非标准无保留审计意见时，$OPINION_{it}=1$，否则，$OPINION_{it}=0$。

(2) 控制变量

控制变量的选取主要参考了 Carcello and Neal（2000）、原红旗和李海波（2003）、王跃堂等人（2003）、方军雄、洪剑峭和李若山（2004）、周中胜和陈汉文（2006）等的研究。

$LnSIZE_{it}$表示t时期i上市公司年度末总资产的自然对数，用以控制公司规模对审计意见的影响。规模大的公司效益波动小，财务风险小，而内部控制也相对严格，因此被出具非标准审计意见的可能性较小。

LEV_{it}表示t时期i上市公司年度末资产负债率，用来控制公司财务杠杆对审计意见的影响。财务杠杆大的公司面临更大的财务风险，更容易被出具非标准审计意见。

$INVERC_{it}$表示t时期i上市公司年度末应收账款与存货之和占年度末总资产的比例，用以控制客户的资产流动性水平与客户固有风险对审计意见的影响，该比例越高的公司，越有可能被出具非标准审计意见。

ROA_{it}表示t时期i上市公司总资产收益率，用来控制公司盈利能力对审计意见的影响，盈利能力越好的公司被出具非标准无保留审计意见的概率越小。

INC_{it}表示t时期i上市公司盈余管理对利润影响的方向，当盈余管理增加利润时，$INC_{it}=1$，否则，$INC_{it}=0$。$INC1_{it}$、$INC2_{it}$分别表示以可操控性应计项目和线下项目测度盈余管理时对利润影响的方向。

$IDOW_{it}$表示t时期i上市公司实际控制人性质，当实际控制人为政府时，$IDOW_{it}=1$，否则，$IDOW_{it}=0$。根据王跃堂（2003）、周中胜和陈汉文（2006）等的研究，政府控制的公司能利用政府渠道进行融资，对高质量审计需求较低，更不容易被出具非标准无保留审计意见。

$TOP1_{it}$表示 t 时期 i 上市公司第一大股东持股比例。

$HERF5_{it}$表示 t 时期 i 上市公司第一大股东至第五大股东持股比例的平方和，代表上市公司股权制衡度。$HERF5_{it}$越大，股权制衡度越低。

IND_{it}表示 t 时期 i 上市公司董事会中独立董事的比例。

DUA_{it}表示 t 时期 i 上市公司董事长和总经理（或 CEO）是否两职兼任，当董事长和总经理（或 CEO）两职兼任时，$DUA_{it}=1$，否则，$DUA_{it}=0$。

fixed effect 为哑变量，用以控制年度和上市公司行业的影响。为保证回归过程中足够的自由度，行业分类采用武立东和王建（2008）的方法，以证监会 2001 年颁布的《上市公司行业分类指引》为基础，扣除金融类公司，将所有样本公司分为 6 类，即制造业、综合类、信息技术业、房地产及建筑业、批发零售业、其他行业。其他行业包括传播文化业，电力、煤气及水的生产与供应业，交通运输和仓储业，农林牧渔业，社会服务业等。为简便起见，在实证结果部分未列出年度和行业变量的回归系数及显著性。

（3）解释变量

AEM_{it}表示 t 时期 i 上市公司盈余管理程度的绝对值，本书分别采用应计项目的绝对值（ADA_{it}）和线下项目的绝对值（$ANCI_{it}$）来衡量盈余管理程度，用以检验假设 5-1。

$LnS_{it} * AEM_{it}$为LnS_{it}与AEM_{it}的交叉项，表示高管激励诱发盈余管理的程度，主要参考了 Gul，Chen and Tsui（2003）的方法，用以检验假设 5-2。LnS_{it}表示 t 时期 i 上市公司高管激励报酬，用年度最高前三名高管报酬之和的自然对数衡量。

$IDOW_{it} * LnS_{it} * AEM_{it}$、$TOP1_{it} * LnS_{it} * AEM_{it}$、$HERF5_{it} *$

$LnS_{it}*AEM_{it}$、$IND_{it}*LnS_{it}*AEM_{it}$、$DUA_{it}*LnS_{it}*AEM_{it}$表示高管权力、高管报酬、盈余管理三变量交叉项，代表高管权力对高管报酬诱发盈余管理程度的影响，用以检验假设 5-3。

5.4 实证结果及分析

5.4.1 描述性统计及单变量分析

表 5-1 是本章主要变量描述性统计结果。表 5-1 显示，4 015 个公司年样本中有 11.47% 的样本公司被出具非标准无保留审计意见。以可操控性应计项目测度的盈余管理的绝对值（ADA_{it}）的平均值和中位数分别为 0.0735、0.0428，远大于以线下项目测度的盈余管理的绝对值（$ANCI_{it}$）的平均值 0.0265 和中位数 0.0064，与图 5-1 中描述的美国资本市场近年来的盈余管理程度相近，意味着我国上市公司的盈余管理程度确实十分普遍，高管报酬诱发的盈余管理行为更多可能是通过操纵应计项目达到的；但 $ANCI_{it}$的最大值为 8.37，远大于 ADA_{it}的最大值 1.75，表明尽管通过线下项目进行盈余管理的普遍程度较低，但上市公司还是有可能通过线下项目进行巨额的利润操纵行为，也应引起相关监管层重视。从盈余管理对利润影响的方向来看（$INC1_{it}$、$INC2_{it}$），有 54.31% 的样本公司通过可操控性应计项目进行正向盈余管理，85.24% 的样本公司通过线下项目进行正向盈余管理，表明通过可操控性应计项目进行盈余管理主要是有利于利润平滑，而通过线下项目进行盈余管理更可能是虚增利润。年度前三名高管报酬（S_{it}）最高值为 512.11 万元，最低值仅为 1.75 万元，中位数为 33.395 万元，也远小于均值 44.89 万元，表明我国上市公司高管报酬差距很大，贫富不均。$IDOW_{it}$的均值为 0.7786，表明近 80% 的公司为政府实际控制；$TOP1_{it}$的最大值达 85%，均值为 42.60%，表明我国上市公司股权

较集中；$HERF5_{it}$的均值为0.235，中位数为0.199，表明我国上市公司股权制衡度较低，控股股东权力较大；IND_{it}的中位数为1/3，但最小值和均值都小于1/3，表明尽管2001年8月21日中国证券监督管理委员会颁布了《关于在上市公司建立独立董事制度的指导意见》，明确要求在2003年6月30日前上市公司董事会成员中至少应当包括三分之一独立董事，但部分上市公司2004年和2005年年报显示独立董事比例仍没有达到要求；DUA_{it}的均值为0.1031，表明有10%以上的公司董事长和总经理两职兼任。

表5-1　　**主要变量描述性统计**

变量名称	样本量	最小值	最大值	平均值	中位数	标准差
$OPINION_{it}$	4 015	0.00	1.00	0.1147	00.00	0.3187
$SIZE_{it}$	4 015	2 151.49	6 425 529.69	221 113.45	136 516.34	305 527
LEV_{it}	4 015	0.01	23.80	0.5556	0.5050	0.7824
$INVERC_{it}$	4 015	0.00	0.91	0.3049	0.2876	0.1678
ROA_{it}	4 015	-1.79	0.51	0.0027	0.021	0.1300
ADA_{it}	4 015	0.00	1.75	0.0735	0.0428	0.1107
$ANCI_{it}$	4 015	0.00	8.37	0.0265	0.0064	0.1913
$INC1_{it}$	4 015	0.00	1.00	0.5431	1.00	0.4989
$INC2_{it}$	4 015	0.00	1.00	0.8524	1.00	0.3547
S_{it}	4 015	17 500.00	5 121 170.00	448 879.25	333 950.00	425 050.95
$IDOW_{it}$	4 015	0.00	1.00	0.7786	1.00	0.41525
$TOP1_{it}$	4 015	0.03	0.85	0.4260	0.4065	0.17049
$HERF5_{it}$	4 015	0.00207	0.72	0.235	0.199	0.14586
IND_{it}	4 015	0.00	0.67	0.3113	0.3333	0.07419
DUA_{it}	4015	0.00	1.00	0.1031	0.00	0.30419

注：S_{it}表示样本公司年度前三名高管报酬总额，单位为元。$SIZE_{it}$为样本公司年末总资产，单位为万元。

表5-2是本章主要变量的两两相关系数，根据相关系数可以进行多重共线性初步分析和单变量分析。从表5-2可以看出，变量间最大的相关系数为LEV_{it}和$ANCI_{it}$间的相关系数0.622，可以初步判断主要变量间不存在严重多重共线性。除IND_{it}和DUA_{it}外，审计意见类型变量（$OPINION_{it}$）与其余自变量均存在显著相关性，其中与资产规模、财务杠杆、资产流动性的相关性方向和预期均一致。审计意见类型与两种方式测度的盈余管理程度都显著正相关，和预期方向一致，盈余管理程度越高的公司更容易被出具非标准无保留审计意见，反映了审计师能关注客户盈余管理行为。同时，$INC1_{it}$和$INC2_{it}$与审计意见类型均显著负相关，可能是因为审计师更关注降低会计利润的盈余管理行为，认为该类盈余管理行为产生的审计风险更大。从表5-2还可以发现，政府控制（$IDOW_{it}$）、第一大股东持股比例（$TOP1_{it}$）与是否被出具非标准无保留审计意见都显著负相关，这与王跃堂和赵子夜（2003）的研究结论一致，即政府控制或大股东持股比例越高的公司更可能被出具标准无保留审计意见，股权制衡变量$HERF5_{it}$与是否被出具非标准无保留意见负相关（Spearman系数）。

根据表5-2还可以就盈余管理程度与各相关变量进行单变量分析。从表5-2中可以发现，盈余管理程度与公司规模负相关，与财务杠杆比例、资产流动性正相关，与高管报酬负相关，表明在不控制其他变量的情况下，经营复杂、管理者控制资源多的公司盈余管理程度更低，财务风险、流动性高促使公司进行盈余管理，高管报酬高的公司盈余管理程度更低。$IDOW_{it}$、$TOP1_{it}$与盈余管理程度均显著负相关，而其余高管权力变量与盈余管理程度相关性不显著，表明在不控制其他变量的情况下，政府控制、大股东持股比例高的公司的盈余管理程度较低，而股权制衡、独立董事比例、两职兼任对盈余管理程度没有影响。从表5-2中数据还可以判断，在不控制其他变量的情况下，以可操控性应计项目进行的盈余管理更可能是减少利润的盈余管理行为（ADA_{it}和 $INC1_{it}$负相关），而以线下项目进行盈余管理更可能是增加利润的盈余管理行为（$ANCI_{it}$和 $INC2_{it}$的 Spearman 相关系数显著为正）。LnS_{it}与 $INC1_{it}$的 Spearman 相关系数显著为正，与 $INC2_{it}$的相关性为正但不显著，表明在高管报酬高的公司以可操控性应计项目进行的盈余管理更可能是增加利润的盈余管理行为。

5.4.2 多变量回归结果及分析

表5-3 Panel A、表5-4 Panel A 是模型（5-4）的 Logistic 回归结果，其中表5-3 是以可操控性应计项目衡量盈余管理程度的回归结果，表5-4 是以线下项目衡量盈余管理程度的回归结果。两种情况下的多元回归采用的都是控制了年度变量和行业变量后的数据，模型拟合优度 R^2 均超过 0.312，整体拟合显著性都达到 1%水平。为了避免多个自变量同时进入回归产生误差，两张表中第 1 到第 7 列先让各解释变量单独进入回归，第 8 列数据是所有解释变量同时进入回归的结果。表中数据显示，与单变量分析结果一致，两种情况下 $LnSIZE_{it}$、LEV_{it}、$INVERC_{it}$的回归系数均显著，方向与预期一致，表明上市公司资产规模、财务杠杆、资产流动性都对审计报告意见类型产生影响。$INC1_{it}$、$INC2_{it}$回归系数都显著为负，和单变量分析结果一致，表明审计师更关注降低利润的盈余管理行为，更倾向于出具非标准无保留审计意见。控制变量 $IDOW_{it}$、$TOP1_{it}$、IND_{it}的回归系数显著为负，$IDOW_{it}$、$TOP1_{it}$的回归结果与单变量分析一致，而在控制其他变量后 IND_{it}的回归结果与单变量分析不一致，说明独立董事一定程度上能够发挥公司治理的作用，审计师对独立董事比例较高的公司更倾向于出具标准无保留审计意见。

表 5-2　　　　主要变量两两相关系数

	$OPINION_{it}$	$LnSIZE_{it}$	LEV_{it}	$INVERC_{it}$	ROA_{it}	LnS_{it}	ADA_{it}	$ANCI_{it}$	$INC1_{it}$	$INC2_{it}$	$IDOW_{it}$	$TOP1_{it}$	$HERF5_{it}$	IND_{it}	DUA_{it}
$OPINION_{it}$	1	-0.183**	0.277**	0.170**	-0.405**	-0.170**	0.155**	0.222**	-0.175**	-0.089**	-0.153**	-0.161**	-0.166**	-0.022	0.025
$LnSIZE_{it}$	-0.215**	1	0.104**	-0.149**	0.193**	0.329**	-0.135**	-0.098**	-0.007	0.065**	0.199**	0.239**	0.241**	0.052**	-0.030
LEV_{it}	0.268**	-0.217**	1	0.347**	-0.401**	-0.068**	0.203**	0.070**	-0.158**	-0.020	-0.172**	-0.214**	-0.227**	0.102**	0.032
$INVERC_{it}$	0.178**	-0.152**	0.129**	1	-0.326**	-0.043*	0.159**	0.019	-0.019	-0.029	-0.130**	-0.135**	-0.135**	0.008	0.028
ROA_{it}	-0.473**	0.314**	-0.551**	-0.219**	1	0.318**	-0.102**	-0.138**	0.204**	0.114**	0.120**	0.203**	0.264**	-0.007	-0.024
LnS_{it}	-0.182**	0.340**	-0.117**	-0.036*	0.224**	1	-0.051**	0.035*	0.041*	0.010	0.054**	-0.016	0.003	0.111**	0.037*
ADA_{it}	0.237**	-0.201**	0.341**	0.176**	-0.565**	-0.090**	1	0.136**	-0.046**	-0.044*	-0.101**	-0.068**	-0.072**	0.029	0.008
$ANCI_{it}$	0.188**	-0.194**	0.622**	0.025	-0.525**	-0.066**	0.388**	1	-0.070**	0.125**	-0.048**	-0.116**	-0.125**	0.000	0.023
$INC1_{it}$	-0.175**	0.006	-0.105**	-0.028	0.231**	0.043*	-0.084**	-0.070**	1	0.094**	0.039*	0.052**	0.063**	-0.010	-0.021
$INC2_{it}$	-0.089**	0.065**	-0.035*	-0.027	0.097**	0.006	-0.028	-0.011	0.094**	1	0.042*	0.074**	0.075**	-0.017	0.017
$IDOW_{it}$	-0.153**	0.213**	-0.138**	-0.134**	0.176**	0.037*	-0.142**	-0.093**	0.039*	0.042*	1	0.351**	0.336**	-0.106**	-0.061**
$TOP1_{it}$	-0.157**	0.266**	-0.110**	-0.131**	0.151**	-0.018	-0.087**	-0.058**	0.053**	0.074**	0.343**	1	0.822**	-0.055**	-0.068**
$HERF5_{it}$	0.008	-0.027	-0.006	0.002	0.201**	0.069**	-0.007	-0.003	0.029	0.000	-0.104**	-0.328**	1	0.062**	0.039*
IND_{it}	-0.034	0.034*	0.008	0.004	0.008	0.128**	0.019	-0.019	-0.003	-0.022	-0.125**	-0.047**	0.064**	1	0.036*
DUA_{it}	0.025	-0.044*	0.050**	0.029	-0.040*	0.037*	0.036*	0.045**	-0.021	0.017	-0.061**	-0.069**	-0.001	0.033	1

注：**、* 分别表示在 1%、5% 水平上显著（双尾）。左下方为 Pearson 相关系数，右上方为 Spearman 相关系数。

表 5-3　以可操控性应计项目衡量盈余管理程度时模型(5-4)的回归结果

Panel A 以连续变量定义高管报酬变量(年度前三名高管报酬总额的自然对数),样本量为 4 015 个公司年

	预期符号	1	2	3	4	5	6	7	8
Constant		6.854***	6.015***	5.164***	4.521***	5.730***	6.342***	6.004***	4.987***
$LnSIZE_{it}$	-	-0.533***	-0.492***	-0.440***	-0.406***	-0.476***	-0.478***	-0.491***	-0.384***
LEV_{it}	+	3.565***	3.501***	3.396***	3.281***	3.487***	3.511***	3.499***	3.251***
$INVERC_{it}$	+	1.315***	1.366***	1.353***	1.421***	1.361***	1.339***	1.365***	1.355***
ROA_{it}	-	-0.423***	-0.417***	-0.422***	-0.409***	-0.411***	-0.415***	-0.414***	-0.410***
$INC1_{it}$	?	-0.821***	-0.816***	-0.821***	-0.798***	-0.814***	-0.815***	-0.816***	-0.797***
$IDOW_{it}$	-			-0.208*					-0.181**
$TOP1_{it}$	?				-0.577**				-0.561**
$HERF5_{it}$	?					2.082			1.848
IND_{it}	?						-1.788*		-2.099**
DUA_{it}	?							-0.038	-0.147
ADA_{it}	+	7.87***	16.683**	21.489***	25.176***	19.560**	19.211**	16.692**	25.913**
$LnS_{it} * ADA_{it}$	+		-1.291**	-1.576**	-1.637**	-1.587**	-1.536**	-1.290**	-1.657**
$IDOW_{it} * LnS_{it} * ADA_{it}$	?			-0.193**					-0.154*
$TOP1_{it} * LnS_{it} * ADA_{it}$	?				-0.901**				-0.738*
$HERF5_{it} * LnS_{it} * ADA_{it}$	?					3.070			2.658

续表

Panel A 以连续变量定义高管报酬变量(年度前三名高管报酬总额的自然对数),样本量为 4 015 个公司年									
	预期符号	1	2	3	4	5	6	7	8
$IND_{it} * LnS_{it} * ADA_{it}$	?						-0.161		-0.019
$DUA_{it} * LnS_{it} * ADA_{it}$	?							-0.010	-0.151
Pseudo-R^2		0.312	0.314	0.321	0.324	0.316	0.317	0.314	0.329
Chi-square		583.88	588.47	601.98	607.87	591.58	593.92	588.50	619.29
P-value		0.000***	0.000***	0.000***	0.000***	0.000***	0.000***	0.000***	0.000***
Panel B 以哑变量定义高管激励报酬变量(当年度最高前三名高管报酬总额大于中位数,S_{it}=1,否则 S_{it}=0)									
ADA_{it}	+		1.099*	1.054*	1.189**	1.104*	1.115*	1.048*	1.118*
$S_{it} * ADA_{it}$	+		-2.061*	-1.233*	-4.237*	-2.528*	-1.549*	-1.365*	-1.980*
$IDOW_{it} * S_{it} * ADA_{it}$	?			-7.114***					-7.742**
$TOP1_{it} * S_{it} * ADA_{it}$	?				-20.39**				-19.595*
$HERF5_{it} * S_{it} * ADA_{it}$	?					15.460			15.196
$IND_{it} * S_{it} * ADA_{it}$	?						-1.748		-2.604
$DUA_{it} * S_{it} * ADA_{it}$	?							-10.080	-11.737

注:*、**、*** 分别表示在 10%、5%、1% 水平上显著。

表 5-4 以线下项目衡量盈余管理程度时模型(5-4)的回归结果

Panel A 以连续变量定义高管报酬变量(年度前三名高管报酬总额的自然对数),样本量为 4 015 个公司年

	预期符号	1	2	3	4	5	6	7	8
Constant		4.662***	4.574***	4.109**	4.157**	4.590***	5.224***	4.562***	4.833***
$LnSIZE_{it}$	-	-0.428***	-0.424***	-0.384***	-0.381***	-0.424***	-0.427***	-0.423***	-0.360***
LEV_{it}	+	3.659***	3.649***	3.541***	3.486***	3.660***	3.670***	3.644***	3.426***
$INVERC_{it}$	+	1.303***	1.307***	1.262***	1.290***	1.295***	1.298***	1.308***	1.240***
ROA_{it}	-	-0.377***	-0.368***	-0.379***	-0.381***	-0.374***	-0.377***	-0.371***	-0.375***
$INC2_{it}$	?	-0.662***	-0.662***	-0.652***	-0.632***	-0.662***	-0.663***	-0.662***	-0.630***
$IDOW_{it}$	-			-0.420***					-0.400**
$TOP1_{it}$	?				-1.049**				-0.928*
$HERF5_{it}$	?					0.655			2.810
IND_{it}	?						-1.779**		-2.161**
DUA_{it}	?							-0.014	-0.067
$ANCI_{it}$	+	7.740***	12.993**	15.668***	16.346**	14.716**	13.247**	13.228**	21.200**
$LnS_{it} * ANCI_{it}$	+		-0.425	-0.731	-0.589	-0.629	-0.595	-0.453	-1.420
$IDOW_{it} * LnS_{it} * ANCI_{it}$	?			0.160					0.233

续表

Panel A 以连续变量定义高管报酬变量(年度前三名高管报酬总额的自然对数),样本量为 4 015 个公司年									
	预期符号	1	2	3	4	5	6	7	8
$TOP1_{it} * LnS_{it} * ANCI_{it}$	?				-0.343				-0.440
$HERF5_{it} * LnS_{it} * ANCI_{it}$	?					1.922			2.295
$IND_{it} * LnS_{it} * ANCI_{it}$	?						0.453		0.800
$DUA_{it} * LnS_{it} * ANCI_{it}$	?							0.099	0.162
Pseudo-R^2		0.318	0.318	0.321	0.322	0.318	0.319	0.318	0.327
Chi-square		595.66	595.76	603.20	603.74	596.23	598.91	595.84	614.08
P-value		0.000 ***	0.000 ***	0.000 ***	0.000 ***	0.000 ***	0.000 ***	0.000 ***	0.000 ***
PanelB 以哑变量定义高管报酬的稳健性检验结果(当年度最高前三名高管报酬总额大于中位数,$S_{it}=1$,否则 $S_{it}=0$)									
$ANCI_{it}$	+		7.770 ***	7.830 ***	7.758 ***	7.763 ***	7.675 ***	7.690 ***	7.647 ***
$S_{it} * ANCI_{it}$	+		-0.140	-5.427	-4.086	-1.871	-0.198	-1.155	-4.251
$IDOW_{it} * S_{it} * ANCI_{it}$	?			-8.821					-19.242
$TOP1_{it} * S_{it} * ANCI_{it}$	?				-12.564				-0.112
$HERF5_{it} * S_{it} * ANCI_{it}$	?					46.870			42.527
$IND_{it} * S_{it} * ANCI_{it}$	?						-1.003		-3.114
$DUA_{it} * S_{it} * ANCI_{it}$	?							-56.318	-58.99

注:*、**、*** 分别表示在 10%、5%、1% 水平上显著。

从表 5-3 Panel A、表 5-4 Panel A 中可以看出，不管是不考虑高管激励对盈余管理的影响（第 1 列数据），还是考虑高管激励对盈余管理的影响（第 2 列至第 7 列数据），两种方式测度的盈余管理程度（ADA_{it}、$ANCI_{it}$）的回归系数都显著为正，即盈余管理程度越高的公司被出具非标准审计意见的概率越大，与预期一致，假设 5-1 成立。过度的盈余管理扭曲了企业真实的盈余状况，甚至会误导投资者的决策行为，加大了审计师的审计风险。审计师能够对上市公司盈余管理进行关注，并出具合理审计意见，体现了审计师的审计质量较好。加入高管激励报酬变量后，审计意见对两种方式测度的盈余管理程度呈现不同的反应。在表 5-3 Panel A 中第 2 列至第 8 列数据中，ADA_{it} 的回归系数在 5% 水平上显著为正，交叉项 $LnS_{it} * ADA_{it}$ 的回归系数都在 5% 水平上显著为负，而在表 5-4 Panel A 中第 2 列至第 8 列数据中，只有 $ANCI_{it}$ 的回归系数在 5% 水平上显著为正，交叉项 $LnS_{it} * ANCI_{it}$ 的回归系数为负但不显著，结果均不支持假设 5-2。上述结果表明考虑高管激励报酬对盈余管理的影响后，盈余管理程度与被出具非标准无保留审计意见的概率仍然正相关，假设 5-1 仍成立；但高管激励报酬对以线下项目衡量的盈余管理程度与非标准无保留审计意见相关性的影响不明显，对以可操控性应计项目衡量的盈余管理程度与非标准无保留审计意见相关性的影响明显，不过这种影响是负向的。在前述单变量分析中，高管激励与两种盈余管理程度均负相关，可能意味着高管激励报酬不会诱发甚至会抑制盈余管理行为，但仅根据模型（5-4）的多元回归结果 $LnS_{it} * ANCI_{it}$、$LnS_{it} * ADA_{it}$ 的回归系数不能得出这样的结论。因为审计意见是对审计过程中的审计风险的合理反映，而根据 Gul，Chen and Tsui（2003）的研究，盈余管理程度较高可能意味着高审计风险，也可能意味着低审计风险。在 Gul，Chen and Tsui（2003）的研究中，根据盈余管理的动机把盈余管理分为“机会主义”（opportunistically）盈余管理和“信息传递”

(informationally) 盈余管理两类。"机会主义" 盈余管理行为对利润的影响在未来经营中不会实现，该类盈余管理行为意味着高审计风险，审计师对此类盈余管理行为应该出具非标准无保留审计意见；而 "信息传递" 盈余管理把公司未来经营的状况提前以盈余管理行为的形式予以反映，能传递公司未来经营信息，该类盈余管理行为意味着低审计风险，审计师对此类盈余管理行为应该出具标准无保留审计意见。因此，对于上述 $LnS_{it} * ANCI_{it}$、$LnS_{it} * ADA_{it}$ 的回归系数显著为负的现象，可能是高管报酬不会诱发甚至会抑制盈余管理行为的结果，也有可能是高管报酬诱发 "信息传递" 盈余管理行为的结果。

为了弄清高管激励对上市公司盈余管理的影响，以便下一步进行正确分析，以下建立模型（5-5）进行检验。模型（5-5）以盈余管理程度的绝对值 AEM_{it} 或正负方向 INC_{it} 为因变量，直接对高管报酬和控制变量进行回归，以辨明高管激励是否显著诱发盈余管理行为，以及盈余管理的方向。模型的构建参考了李延喜等人 (2007) 研究，并结合本书研究目的，加入了高管权力和高管报酬交叉项作为自变量，可以分析各变量对盈余管理程度总额、正负向的影响。

$$AEM_{it}\ (INC_{it}) = \gamma_0 + \gamma_1 LnSIZE_{it} + \gamma_2 LEV_{it} + \gamma_3 ROA_{it} + \gamma_4 INVERC_{it} + \gamma_5 LnS_{it} + \gamma_6 LnS_{it} * IDOW_{it} + \gamma_7 LnS_{it} * TOP1_{it} + \gamma_8 LnS_{it} * HERF5_{it} + \gamma_9 LnS_{it} * IND_{it} + \gamma_{10} LnS_{it} * DUA_{it} + fixed\ effect + \phi_{it} \quad (5-5)$$

其中，γ_0 是常数项，$\gamma_1 \sim \gamma_{10}$ 是系数，ϕ_{it} 是残差项，变量含义和模型（5-4）中变量一致。当因变量为 AEM_{it} 时，模型为 OLS 回归；当因变量为 INC_{it} 时，模型为 Logistic 回归。表 5-5 是模型（5-5）的回归结果，结果显示模型总体拟合效果较好，VIF 值均远小于 10，不存在严重多重共线性。当因变量为 AEM_{it} 时，控制变量 $LnSIZE_{it}$、LEV_{it}、ROA_{it}、$INVERC_{it}$ 的回归系数和单变量分析一致，LnS_{it} 的回归系数均显著为正，说明在控制了其他变量后，高管报酬与盈余管理程度显著正相关。也就是说，高管激励报酬越高的公司，越有可能诱发盈余管理行为，而不是抑制盈余管理行为。$LnS_{it}*IDOW_{it}$对ADA_{it}的回归系数显著为负，$LnS_{it}*TOP1_{it}$对ADA_{it}、$ANCI_{it}$的回归系数显著为正，其余高管权力变量对高管报酬与盈余管理相关性的影响不显著，说明在政府控制的公司中高管激励更不容易诱发以可操控性应计项目衡量的盈余管理行为，而在第一大股东持股比例较高的公司，高管激励有可能进行两种方式相衡量的盈余管理行为。当因变量为INC_{it}时，$INC1_{it}$、$INC2_{it}$对LnS_{it}的回归系数分别在5%、10%水平上显著为负，而高管权力与LnS_{it}的交叉项的回归系数均不显著。结果说明，整体上而言，高管激励与盈余管理方向负相关，激励报酬较高时，高管利用盈余管理降低利润的概率较大，而当激励报酬较低时，高管利用盈余管理增加利润的概率较大，意味着高管激励诱发的盈余管理属于利润平滑性的行为。

表5-5　**高管激励与盈余管理相关性的回归结果**

因变量 / 自变量	1		2	
	ADA_{it}	$INC1_{it}$	$ANCI_{it}$	$INC2_{it}$
Constant	0.070*	4.57***	0.015	-0.913
$LnSIZE_{it}$	-0.004**	-0.168***	-0.010***	0.156**
LEV_{it}	0.005**	-0.367**	0.116**	0.103
ROA_{it}	-0.459***	10.050***	-0.437***	1.371***
$INVERC_{it}$	0.034***	0.884***	-0.112***	0.015
LnS_{it}	0.005***	-0.110**	0.013***	-0.109*
$LnS_{it}*IDOW_{it}$	-0.001***	0.004	0.000084	0.003
$LnS_{it}*TOP1_{it}$	0.003***	-0.003	0.005***	0.076
$LnS_{it}*HERF5_{it}$	0.002	0.093	0.002	0.214

续表

自变量 \ 因变量	1		2	
	ADA_{it}	$INC1_{it}$	$ANCI_{it}$	$INC2_{it}$
$LnS_{it}*IND_{it}$	0.003	0.001	0.007	0.001
$LnS_{it}*DUA_{it}$	0.008	-0.008	0.001	0.020
(Adjust) -R^2	0.328	0.141	0.450	0.046
D-W	1.729		1.916	
F	138.19		230.58	
Chi-square		375.27		89.67
P-value	0.000***	0.000***	0.000***	0.000***
样本量	4 015	4 015	4 015	4 015

注：*、**、*** 分别表示在 10%、5%、1% 水平上显著。第 1 栏的因变量分别为以可操控性应计项目衡量的盈余管理绝对值、正负方向，第 2 栏的因变量分别为以线下项目衡量的盈余管理绝对值、正负方向。ADA_{it}、$ANCI_{it}$为因变量时模型为 OLS 回归，$INC1_{it}$、$INC2_{it}$为因变量时模型为 Logistic 回归。

在根据模型（5-5）的回归结果得出高管激励报酬对上市公司盈余管理的影响后，继续对模型（5-4）的回归结果进行分析。由上述模型（5-5）的回归结果可知，高管激励报酬确实会诱发盈余管理行为，而且属于利润平滑性行为；而在模型（5-4）的回归结果中，从 ADA_{it}、$ANCI_{it}$的回归系数显著为正可以判断审计师能正确识别盈余管理程度，并出具合理审计意见，保持较高审计质量。因而可以认为，在模型（5-4）回归结果中 $LnS_{it}*ANCI_{it}$、$LnS_{it}*ADA_{it}$的回归系数之所以为负（不显著）或显著为负，是因为审计师能识别出高管激励报酬诱发的盈余管理行为，而且认为主要是“信息传递”盈余管理，并把盈余管理产生的审计风险确认为低级别，出具标准无保留审计意见。模型（5-4）中 $LnS_{it}*ANCI_{it}$的回归系数之所以为负，但不显著，可能是因为 $ANCI_{it}$ 的均值小于 ADA_{it} 的均值，审计师虽然识别出 $ANCI_{it}$，但认为其对审计风险的影响较小，对审计意见的影响也不明显。

表 5-3 Panel A、表 5-4 Panel A 中数据显示，除变量 $IDOW_{it}$、$TOP1_{it}$ 外，其余高管权力变量对高管激励诱发盈余管理程度没影响，对审计意见的影响也不显著，不支持假设 5-3。以下就 $IDOW_{it}$、$TOP1_{it}$ 两个变量的影响进行分析。表 5-5 中，$LnS_{it} * IDOW_{it}$ 的回归系数在以 ADA_{it} 为因变量时为-0.001，在 1% 水平上显著，可以判断政府实际控制的公司高管激励报酬诱发的盈余管理（以 ADA_{it} 计）总额降低；而表 5-3 Panel A 中 $IDOW_{it} * LnS_{it} * ADA_{it}$ 的回归系数在 5% 水平上显著为负，显示相对于非政府实际控制的公司，政府实际控制的公司高管激励报酬诱发的盈余管理产生的审计风险要低，与表 5-5 中 $LnS_{it} * IDOW_{it}$ 的回归系数在以 ADA_{it} 为因变量时显著为负一致。因此，可以认为，相对于非政府实际控制的公司，政府实际控制的上市公司由于代理链条较长、委托人缺乏效率，公司内部高管产生的代理冲突较大。尽管政府对高管薪酬有较多的管制政策出台，但“山高皇帝远”，高管在报酬制定中仍然掌握着较大的权力，不需要通过边际效益较低的盈余管理的方式获取高额报酬，如直接加大在职消费等，因激励报酬诱发盈余管理被出具非标准无保留审计意见的概率减小，支持假设 5-3。表 5-5 中 $LnS_{it} * TOP1_{it}$ 的回归系数显著为正，表 5-3 Panel A 中 $TOP1_{it} * LnS_{it} * ADA_{it}$ 的回归系数显著为负，说明第一大股东持股比例越大的公司，高管权力越小，高管激励报酬诱发的盈余管理程度越大，且这种盈余管理主要是“信息传递”盈余管理，审计风险下降，被出具非标准无保留审计意见的概率越小，支持假设5-3。

5.4.3 稳健性检验

上述回归分析中，高管激励报酬变量采用连续变量。由于高管激励报酬决定因素非常复杂，采用连续变量可能会使回归过程稳定性受到影响。本章以哑变量定义高管报酬进行稳健性检验，当年度最高前三名高管报酬总额大于中位数，$S_{it}=1$，否则 $S_{it}=0$。稳健性检验结果见表 5-3 Panel B 和表 5-3 Panel B，从表中数据可以看出，稳健性检验不改变上述研究结论。

5.5　本章小结

现有文献发现高管激励通常会诱发高管盈余管理行为，本章以我国上市公司 2002—2005 年数据为样本，分别以可操控性应计项目和线下项目衡量盈余管理程度，检验了高管激励报酬、盈余管理、审计意见的相关性。结果发现，对于两种方式衡量的盈余管理，审计师均能识别，并能出具合理的审计意见。总体上而言，我国上市公司盈余管理较严重，且盈余管理扭曲了公司盈利信息，增加了审计风险，审计师对盈余管理能够关注，盈余管理程度越高的公司被审计师出具非标准无保留审计意见的概率越大，体现了我国上市公司审计质量较高。

高管激励确实会诱发盈余管理行为，审计师对高管激励报酬诱发的以可操控性应计项目衡量的盈余管理出具非标准无保留审计意见的概率显著减少，而对以线下项目衡量的盈余管理反应不显著。本书认为，因激励报酬诱发的高管盈余管理行为总体上属于“信息传递”盈余管理，该类盈余管理能传递公司未来的经营业绩信息，因而被审计师评估为较低的审计风险，并减少出具非标准无保留审计意见的概率。可能的解释是，在我国，因高管在位一般持续几年，出于对任期内报酬的持续性、续聘的考虑，利用盈余管理进行利润平滑，并传递公司未来良好经营信息。另一方面，也可能是审计师的监督发挥了作用，对高管“机会主义”盈余管理起到抑制作用。需要指出的是，高管激励报酬诱发的“信息传递”盈余管理使高管任期内报酬边际效用增大，财富从所有者向管理者转移增多，所有者效率损失，仍然意味着管理者与所有者之间代理冲突的存在。

本章从实际控制人性质、股权集中度、股权制衡度、独立董事比例、两职兼任等五个方面衡量高管权力的大小，并检验审计师在不同条件下对高管激励报酬诱发盈余管理的反应，发现股权制衡度、独立董事比例、两职兼任对高管报酬诱发盈余管理没有影响，审计师的反应也不明显。当实际控制人为政府时，高管激励报酬诱发盈余管理程度下降，审计师对此出具非标准无保留审计意见的概率下降，表明相对于非政府实际控制的公司，政府实际控制的公司高管在激励报酬合约中的权力更大，不需要通过盈余管理的方式提高激励报酬，如加大在职消费等。研究发现，股权集中度（以第一大股持股比例表示）越高，激励报酬诱发盈余管理程度越大，审计师对此出具非标准无保留审计意见的概率下降，表明股权越集中的公司，高管在激励报酬合约中权力越小，越需要通过盈余管理达到目标报酬，但考虑到今后几年的聘用、薪酬，盈余管理属于“信息传递”型。上述结果验证了在我国上市公司中，高管权力对激励报酬诱发盈余管理程度有影响，并因此影响审计师出具非标准无保留审计意见的概率。

6 高管激励与审计意见收买

6.1 引　言

审计意见收买（Opinion Shopping）是指被审计客户通过一定方式获取低质量审计意见以达到“寻租”目的的行为（Lennox，2000；吴联生，2005）。审计意见收买降低了会计信息的质量，使外部审计不能发挥应有的公司治理机制作用，一直是各国政府普遍关心的问题，也是会计学界的重要研究课题。审计报告通常是公司制定高管报酬的依据之一（Antle，1984），高管获得激励报酬是以一定的业绩为基础的，审计是对反映业绩成果的财务信息可靠性发表意见，非标准无保留审计意见对高管获取报酬意味着“坏消息”。当高管激励报酬以公司会计盈余为基础时，审计师出具非标准审计意见意味着盈余质量较差，会影响高管报酬的获取；当激励报酬以公司市场业绩为基础时，因审计意见具有信息含量（Chen et al.，2000；张奇峰，2007），影响公司的市场价格，进而影响高管报酬的获取，甚至会给高管形象造成不良影响①。上述两种情况下，公司高管会凭借掌握审计师聘用和支付审计费用的权力②，给予审计师压力，以获取有利于报酬安排实现的审计意见，因此，高

① 公司的市场价格一定程度上反映了市场对高管经营能力的认同度，影响高管在经理人市场上的价格定位。

② 现行制度规定，审计师的聘用由董事会提请股东大会通过，而股东大会在目前委托代理机制下充当的是“橡皮图章”的作用（黄世忠，2000），审计师的聘用、审计费用的支付实际上被高级管理人员占一定成员比例的董事会所掌握。

管报酬通常被认为是上市公司高管进行审计意见收买的动机之一（Chow and Rice，1982）。

审计意见收买的研究包括收买动机和结果的研究，现行有关审计意见收买的经验研究主要围绕审计意见收买行为发生和结果的研究，较少就审计意见收买动机进行实证研究。采用的方法也主要是根据审计师变更前后审计意见的改变来判断审计意见收买，而较少通过审计费用来检验审计意见收买，国内外研究结论也不一致。Chow and Rice（1982）、Smith（1986）、Krishnan（1994）、Krishnan and Stephens（1995）、耿建新和杨鹤（2001）、李东平等人（2001）通过比较审计师变更前后的审计意见，没有发现审计意见有明显改善，从而认为公司没有通过审计师变更实现审计意见收买。Lennox（2000）与上述研究不同，采用了一个审计意见估计模型，对审计师变更与不变更两种情况下的审计意见分别作出估计，以审计意见估计概率变化作为审计意见收买变量，发现审计意见收买变量与审计师变更显著负相关，得出公司成功实现审计意见收买的不同结论。李爽和吴溪（2002）、陆正飞和童盼（2003）运用Lennox（2000）审计意见估计模型发现我国上市公司利用审计师变更成功实现审计意见收买的证据，但吴联生和谭力（2005）、王春飞（2006）运用修正的Lennox审计意见估计模型研究认为上市公司审计师变更与审计意见改善、公司扭亏正相关，没有发现审计师变更能显著改善审计意见，即不能成功实现审计意见的收买。审计意见的收买可能不一定需要通过审计师变更来实现，如采用向现有审计师支付异常审计费用的方式（吴联生，2005）。陈杰平等人（2005）研究发现异常审计收费的提高与不利审计结果的改善正相关，朱小平和郭志英（2006）从审计师不变更的视角出发，研究发现上市公司审计意见收买意图与审计费用增加显著正相关。唐跃军（2007）研究了审计委员会的设立与异常审计费用对审计意见收买的影响，发现审计委员会对管理层的审计意见收买行为缺乏制衡作用，上市公司有可能通过审计费用的异常增加实现审计意见的收买。

上述文献都没有就高管报酬是审计意见收买的动机进行研究，审计意见的改善是审计意见收买的目的和出发点，但更深层次的动机是“寻租”。在信息不对称和高管权力影响下，合约的不完全性使高管激励报酬安排可能诱发高管“寻租”行为，增加公司代理成本（Bebchuk et al.，2002；Bebchuk and Fried，2003）。外部审计师的监督有利于监督和约束高管“寻租”行为，然而，审计师并不是超然的独立自然人，其契约经济人的性质决定了其在高管激励报酬“寻租”过程中可能被收买，出具有利于高管达到目的的审计意见。本章贡献在于：从审计师变更和审计费用两个角度，分别检验我国上市公司高管激励报酬安排中是否存在审计意见收买行为。从审计师变更角度的研究发现，高管激励报酬并不是我国上市公司审计意见收买的动机，收买也没成功①；而从审计费用角度的研究发现，高管激励报酬是我国上市公司审计意见收买的动机，但收买并未成功。与其他研究不同的是，本书对审计意见收买的研究，既检验了审计意见收买的动机，又检验了审计意见收买的结果；既从审计师变更角度进行了检验，也从审计费用异常提高角度进行了检验。后文安排如下：第二部分是理论分析、研究方法和研究假设；第三部分是数据来源、实证结果与分析；第四部分是本章研究结论。

① 审计意见的收买成功意味着有利于收买方审计意见的改善，现行研究对审计意见的有利程度划分有不同的方法。Krishnan and Stephens（1995）、吴联生、谭力（2005）等把审计意见分成标准无保留意见和非标准无保留意见，陈杰平等人（2005）把审计意见从不利到有利划分为无法表示意见、保留意见、无保留意见，唐跃军（2007）则划分更详细，把审计意见不利程度从高到低排序，依次为否定意见、无法表示意见、拒绝表示意见、保留意见、有解释说明段的保留意见、有解释说明段的无保留意见、标准无保留意见。本书认为除标准无保留意见之外的审计意见对高管报酬的获取均意味着“坏消息”，故把审计意见分成标准无保留意见和非标准无保留意见两类。

6.2 理论分析、研究假设和研究方法

在现行制度下，我国上市公司的审计师聘用由董事会提出意见，并由股东大会表决通过。尽管有独立董事组成的审计委员会专门负责审计师的选聘及相关审计事务，但独立董事往往又由董事会或高管提名，因此，董事会在审计师的聘用过程中掌握主要权力，而股东大会的表决更多的是象征意义。在那些董事会权力薄弱、内部人控制严重的公司，在现行外部制度环境下，审计师聘用的权力实际又掌握在高管手中。如终极控制人为政府的公司，管理当局[①]的控制权和现金流量权高度分离，他们较多关心政治利益，对高管的监督和制约更可能缺乏动力；而高管在董事会中交叉任职较多的公司，如总经理与董事长兼任等，高管在董事会中的投票权足以左右审计师的聘用、审计费用的支付。

审计师出具非标准无保留审计意见，往往意味着上市公司会计盈余质量缺乏公允，有研究表明审计师出具非标准无保留意见时对公司市场价格有负面效应（李增泉，1999；张奇峰，2007）。上市公司高管一般不愿意公司被出具非标准无保留审计意见，一方面因为直接影响自身基于公司会计盈余或市场业绩的报酬；另一方面因为股价的下跌会降低公司市场形象，影响公司未来的经营和报酬，甚至会引起被解雇的危险，高管报酬越高，这种潜在的风险越大。同时，审计意见收买具有“成本效益原则”（陈杰平等，2005），激励报酬越高，高管收买审计意见的边际“效益”越大。如上所述，高管不仅掌握着审计师的聘用，还掌握着审计费用的支付，而高管的激励报酬是受审计报告影响的。激励幅度越大，受审计报告出具非标准无保留审计意见影响的程度越大。因此，为了获取高额

① 指代理国家履行股东职责的官员、政府部门或组织。

的报酬而预期审计师会出具不利审计意见时，高管有可能通过变更原审计师、选聘能与自身达成一致意见的审计师，或通过支付异常审计费用，以收买审计意见。以下从审计师变更和异常审计费用两个角度检验我国上市公司是否存在因高管激励进行审计意见收买的动机和行为。

6.2.1　从审计师变更角度检验审计意见收买

（1）研究假设

审计师变更是现行文献中通常采用的检验审计意见收买的方法，该方法需要考虑前后两期的审计师和审计意见。其研究逻辑是：上期被出具非标准无保留审计意见，而且预期到原任审计师的审计意见在本期难以改善，高管为获取本期高额激励报酬，变更审计师；如果变更后审计意见显著变为标准无保留审计意见，则审计意见收买成功，否则审计意见收买不成功。该逻辑中包含审计意见收买动机和结果，高管激励报酬越高，收买审计意见的动机越强，收买也越可能成功。根据以上文献和理论分析提出本章假设6-1：

假设6-1：在其他条件相同的情况下，高管激励报酬越高，高管越有动机并成功通过审计师变更进行审计意见收买。

（2）研究方法与模型设定

在Lennox（2000）之前，学者们通过审计师变更研究审计意见收买，主要根据审计师变更前后审计意见是否显著改善来判断审计师意见收买的存在，这种方法存在的缺陷是不能对那些没有变更审计师的公司是否存在审计意见收买进行判断，或那些变更了审计师的公司在不变更审计师的情况下可能会收到更不利的审计意见。Lennox（2000）的审计意见概率估计模型能对不可观察的公司在变更和不变更审计师的情况下得到的审计意见差异进行估计，使审计意见是否改善这一审计意见收买的判断标准具有可比性。

为检验假设 6-1，本部分研究过程分两步：第一步，按照 Lennox（2000）的方法进行研究。首先估计上市公司变更审计师与不变更审计师的概率，然后采用修正的审计师变更模型检验审计意见收买存在及成功与否。同时，本书还对高管激励报酬按高低进行分组，分组采用 Lennox（2000）的方法检验审计意见收买的存在，根据审计意见收买变量回归系数的差异来判断激励报酬高低对审计意见收买成功的影响。第二步，按照 Lennox（2000）之前的方法进行研究，即不考虑审计师变更决策在相反情况下对审计意见的影响。之所以要按照 Lennox（2000）之前的方法进行再次检验，是因为第一步按照 Lennox（2000）方法估计审计意见概率的模型中没有纳入高管激励报酬变量，对审计师变更模型回归产生影响。在控制其他因素后，直接纳入高管激励报酬变量对审计师变更进行回归，检验审计师变更是否受高管激励报酬的影响。如果上述两步研究过程中，高管激励报酬有显著影响，则说明高管激励报酬是审计意见收买的动机，同时上市公司能成功实现审计意见收买。需要说明的是，本章对高管激励报酬进行分组，并定义其为哑变量，主要是为了避免模型中交叉项过多影响模型回归的准确性，不过本书将对高管激励报酬分组进行稳定性检验，因此对高管激励报酬定义为哑变量不改变结论的方向性。

以下对 Lennox（2000）的研究方法作简单介绍。Lennox（2000）通过如下 Probit 模型估计 t 时期 i 公司变更审计师和不变更审计师时审计意见为非标准无保留审计意见的概率：

$$Q_{it}^{qc*}=\gamma_0+\gamma_1 C_{it}+\gamma_2 X_{it}+\gamma_3 X_{it} C_{it}+\gamma_4 Q_{it-1}+\gamma_5 Q_{it-1} C_{it}+\nu_{it} \tag{6-1}$$

模型（6-1）中，响应变量 Q_{it}^{qc*} 是条件概率变量，表示 t 时期 i 公司审计意见为非标准无保留审计意见（$Q_{it}^{qc}=1$）的概率，其中 q、c 分别表示 t-1 时期 i 公司的审计意见类型和 t 时期 i 公司的审计师变更决策，q=1（表示审计意见为非标准无保留审计意见，本章把审计意见分成两类，即标准无保留审计意见和非标准无保留审计意见，后者包括无保留有解释段意见、保留意见、拒绝发表意见或者否定意见，下文同）或 q=0（表示标准无保留审计意见），c=1（表示变更审计师）或 c =0（表示不变更审计师）。

由模型（6-1）得到审计意见收买变量

$$Pr(\hat{Q}_{it}^{q1}=1)-Pr(\hat{Q}_{it}^{q0}=1)=\hat{Q}_{it}^{q1*}-\hat{Q}_{it}^{q0*}$$

再建立审计师变更模型：

$$C_{it}^{*}=\theta_0+\theta_1(Pr(\hat{Q}_{it}^{q1}=1)-Pr(\hat{Q}_{it}^{q0}=1))+\theta_2 X_{it}+\mu_{it} \quad (6-2)$$

模型（6-2）中，响应变量 C_{it}^{*} 表示 t 时期 i 公司变更审计师的概率，θ_0 为常数项，θ_1，θ_2 为回归系数，X_{it} 为公司财务特征变量，μ_{it} 为残差项。如果回归系数 θ_1 显著为负，则说明公司通过审计师变更成功实现审计意见收买。

本书结合 Lennox（2000）、陆正飞和童盼（2003）、吴联生和谭力（2005）等研究，主要以财务杠杆（总资产负债率 LEV_{it}）和总资产收益率（ROA_{it}）两个指标代表上市公司财务健康程度，构建以下 Logistic 回归模型对审计意见进行估计：

$$Q_{it}^{qc}=\gamma_0+\gamma_1 Q_{it-1}+\gamma_2 LEV_{it}+\gamma_3 ROA_{it}+\gamma_4 C_{it}+\gamma_5 C_{it}*Q_{it-1}+\gamma_6 C_{it}*LEV_{it}+\gamma_7 C_{it}*ROA_{it}+\nu_{it} \quad (6-3)$$

模型（6-3）中，Q_{it}^{qc}是条件哑变量，表示在 t-1 时期的审计意见确定、t 时期审计师变更与否的前提条件下，t 时期 i 公司被出具的审计意见类型。为非标准无保留审计意见时，$Q_{it}^{qc}=1$，否则 $Q_{it}^{qc}=0$，其中 q 表示 t-1 时期审计意见类型，q=1 表示审计意见为非标准无保留审计意见，q=0 表示标准无保留审计意见；c 表示 t 时期审计师是否变更，c=1 表示变更审计师，c =0 表示不变更审计师。γ_0 为常数项，$\gamma_1 \sim \gamma_7$ 为系数，ν_{it}为残差项，其他各变量定义同模型（6-6）至模型（6-8）。

由模型（6-3）回归得到 t 时期 i 公司变更与不变更审计师被出具非标准无保留审计意见的概率分别为：

$$\Pr(\hat{Q}_{it}^{q1}=1)=\frac{\exp(\hat{\gamma}_0+\hat{\gamma}_1Q_{it-1}+\hat{\gamma}_2LEV_{it}+\hat{\gamma}_3ROA_{it}+\hat{\gamma}_4+\hat{\gamma}_5Q_{it-1}+\hat{\gamma}_6LEV_{it}+\hat{\gamma}_7ROA_{it})}{1+\exp(\hat{\gamma}_0+\hat{\gamma}_1Q_{it-1}+\hat{\gamma}_2LEV_{it}+\hat{\gamma}_3ROA_{it}+\hat{\gamma}_4+\hat{\gamma}_5Q_{it-1}+\hat{\gamma}_6LEV_{it}+\hat{\gamma}_7ROA_{it})} \quad (6-4)$$

$$\Pr(\hat{Q}_{it}^{q0}=1)=\frac{\exp(\hat{\gamma}_0+\hat{\gamma}_1Q_{it-1}+\hat{\gamma}_2LEV_{it}+\hat{\gamma}_3ROA_{it})}{1+\exp\hat{\gamma}_0+\hat{\gamma}_1Q_{it-1}+\hat{\gamma}_2LEV_{it}+\hat{\gamma}_3ROA_{it}} \quad (6-5)$$

模型（6-4）和模型（6-5）中 $\hat{\gamma}_0 \sim \hat{\gamma}_7$ 分别为模型（6-3）中回归系数 $\gamma_1 \sim \gamma_7$ 的估计值。由模型（6-4）和模型（6-5）可得审计意见收买变量 $\Pr(\hat{Q}_{it}^{q1}=1)-\Pr(\hat{Q}_{it}^{q0}=1)$，再构建以下修正的 Lennox（2000）审计意见变更的 Logisti 回归模型：

$$C_{it}=\theta_0+\theta_1(\Pr(\hat{Q}_{it}^{q1}=1)-\Pr(\hat{Q}_{it}^{q0}=1))+\theta_2LEV_{it}+\theta_3ROA_{it}+\mu_{it} \quad (6-6)$$

模型（6-6）中，审计意见收买变量 $\Pr(\hat{Q}_{it}^{q1}=1)-\Pr(\hat{Q}_{it}^{q0}=1)$ 用来检验通过审计师变更进行审计意见收买的可能性。LEV_{it}、ROA_{it} 为财务特征变量，分别表示为 t 时期 i 公司年度末总资产负债率和总资产收益率，以控制上市公司财务杠杆、收益状况对审计师变更的影响。θ_0 为常数项，$\theta_1 \sim \theta_3$ 为回归系数，μ_{it} 为残差项。变量具体定义可参见表 6-1 Panel A。分组检验时，把样本按高管报酬高低分成两组，比较两组样本的回归系数 θ_1，可以判断高管报酬对审计意见收买的影响。如高管报酬较高的一组的回归系数 θ_1 显著为负，且比高管报酬较低的一组回归系数 θ_1 绝对值要大，则意味着审计意见收买成功实现，假设 6-1 成立。

为了进一步考察高管报酬对审计意见收买的影响，本书按照 Lennox（2000）之前的研究方法，即不考虑审计师变更决策相反情况下对审计意见的影响，直接把高管激励报酬变量纳入模型中，检验高管激励报酬是不是通过审计师变更收买审计意见的动机和变更后审计意见是否改善。构建以下模型检验审计意见收买动机：

$$C_{it}=\alpha_0+\alpha_1 LEV_{it}+\alpha_2 ROA_{it}+\alpha_3 Q_{it-1}+\alpha_4 Q_{it-1}*S_{it}+\varepsilon_{it} \quad (6-7)$$

模型（6-7）检验高管激励报酬是不是通过审计师变更进行审计意见收买的动机，解释变量为 $Q_{it-1}*S_{it}$，S_{it}采用哑变量，以避免多重共线性的影响，以所有样本高管报酬中位数为标准，当高管激励报酬大于中位数时，$S_i=1$，否则 $S_i=0$，在稳健性检验中将以其他标准对 S_i进行定义。预期上期为非标准无保留审计意见的公司，高管激励报酬越高，审计意见收买动机越强，变更审计师的概率越大，解释变量系数显著为正。

为了避免多重共线性的影响和保证足够的自由度，对审计意见收买结果将采用分组检验的方法。根据前面的假设推演，上年度被出具非标准无保留审计意见的公司，更有可能收买审计意见，因此把样本按上年度是否被出具非标准无保留审计意见分成两组，构建以下两个模型进行回归：

$$Q_{it}=\beta_0+\beta_1 LEV_{it}+\beta_2 ROA_{it}+\beta_3 LnS_{it}+\beta_4 C_{it}*LEV_{it}+\beta_5 C_{it}*ROA_{it}+\beta_6 C_{it}+\beta_7 C_{it}*LnS_{it}+\phi_{it} \quad (6-8)$$

模型（6-8）检验为获取高报酬通过审计师变更收买审计意见的结果，解释变量为 C_{it}、$C_{it}*LnS_{it}$。LnS_i为连续变量，定义为年度前三名高管报酬总额自然对数。预期上期为非标准无保留审计意见的样本组，通过审计师变更改善审计意见的可能较大，高管激励报酬对审计师变更改善审计意见有显著影响，即审计意见收买成功时，解释变量 C_{it}、$C_{it}*S_{it}$的回归系数显著为负，且回归系数小于上期为标准无保留审计意见的样本组。

为了便于和模型（6-6）的回归结果比较，模型（6-7）、模型（6-8）中的控制变量只考虑了资产负债率和总资产收益率两个财务特征变量。模型中，α_0、β_0 为常数项，α_1 ~ α_4、β_1 ~ β_7 为回归系数，ε_{it}、ϕ_{it}为残差项，其余各变量定义参见表 6-1 Panel B 和 Panel C。

表 6-1 **各模型中变量定义一览表**

Panel A 模型（6-6）变量定义	
因变量	
C_{it}	哑变量，表示 t 时期 i 上市公司审计师是否变更，如变更，$C_{it}=1$，否则 $C_{it}=0$
控制变量	
LEV_{it}	表示 t 时期 i 上市公司年度末总资产负债率
ROA_{it}	表示 t 时期 i 上市公司年度末总资产收益率
解释变量	
$Pr（\hat{Q}_{it}^{q1}=1）-Pr（\hat{Q}_{it}^{q0}=1）$	审计意见收买变量，表示 t 时期 i 上市公司通过审计师变更进行审计意见收买的概率
Panel B 模型（6-7）变量定义	
因变量	
C_{it}	哑变量，表示 t 时期 i 上市公司审计师是否变更，如变更，$C_{it}=1$，否则 $C_{it}=0$
控制变量	
LEV_{it}	表示 t 时期 i 上市公司年度末总资产负债率
ROA_{it}	表示 t 时期 i 上市公司年度末总资产收益率
S_{it}	哑变量，表示 t 时期 i 上市公司年度末前三名高管报酬总额的高低，当大于样本中位数时，$S_{it}=1$，否则 $S_{it}=0$
Q_{it-1}	哑变量，表示 t-1 时期 i 上市公司审计意见类型，当为非标准无保留审计意见时，$Q_{it-1}=1$，否则 $Q_{it-1}=0$

续表

Panel B 模型（6-7）变量定义	
解释变量	
$Q_{it-1} * S_{it}$	Q_{it-1}与S_{it}的交叉项
Panel C 模型（6-8）变量定义	
因变量	
Q_{it}	哑变量，表示t时期i上市公司审计意见类型，当为非标准无保留审计意见时，$Q_{it}=1$，否则$Q_{it}=0$
控制变量	
LEV_{it}	表示t时期i上市公司年度末总资产负债率
ROA_{it}	表示t时期i上市公司年度末总资产收益率
LnS_{it}	表示t时期i上市公司年度末前三名高管报酬总额的自然对数
$C_{it} * LEV_{it}$	C_{it}与LEV_{it}的交叉项
$C_{it} * ROA_{it}$	C_{it}与ROA_{it}的交叉项
解释变量	
C_{it}	哑变量，表示t时期i上市公司审计师是否变更，如变更，$C_{it}=1$，否则$C_{it}=0$
$C_{it} * LnS_{it}$	C_{it}与LnS_{it}的交叉项
Panel D 模型（6-9）变量定义	
因变量	
$LnFEE_{it}$	表示t时期i上市公司年度报告审计费用的自然对数

续表

Panel D 模型（6-9）变量定义	
控制变量	
$LnSIZE_{it}$	表示 t 时期 i 上市公司年度末总资产自然对数
LEV_{it}	表示 t 时期 i 上市公司年度末总资产负债率
ROA_{it}	表示 t 时期 i 上市公司年度末总资产收益率
$INVERC_{it}$	表示 t 时期 i 上市公司年末应收账款与存货之和占年末总资产的比例
$SQSUBS_{it}$	表示 t 时期 i 上市公司年度末拥有的、纳入合并范围子公司数的平方根
$AUDITOR_{it}$	哑变量，当 t 时期 i 上市公司聘用国际“四大”，$AUDITOR_{it}=1$，否则 $AUDITOR_{it}=0$
Q_{it-1}	哑变量，表示 t-1 时期 i 上市公司审计意见类型，当为非标准无保留审计意见时，$Q_{it-1}=1$，否则 $Q_{it-1}=0$
fixedeffect	控制年度和行业对回归的影响，行业分类同第 4 章
解释变量	
LnS_{it}	表示 t 时期 i 上市公司年度末前三名高管报酬总额自然对数
$Q_{it-1}*LnS_{it}$	Q_{it-1} 与 S_{it} 的交叉项
Panel E　模型（6-10）变量定义	
因变量	
Q_{it}	哑变量，表示 t 时期 i 上市公司审计意见类型，当为非标准无保留审计意见时，$Q_{it}=1$，否则 $Q_{it}=0$

续表

Panel E 模型（6-10）变量定义	
控制变量	
$LnSIZE_{it}$	表示 t 时期 i 上市公司年度末总资产自然对数
LEV_{it}	表示 t 时期 i 上市公司年度末总资产负债率
ROA_{it}	表示 t 时期 i 上市公司年度末总资产收益率
LnS_{it}	表示 t 时期 i 上市公司年度末前三名高管报酬总额自然对数
fixedeffect	控制年度和行业对回归的影响，行业分类同第 4 章
解释变量	
ΔFEE_{it}	哑变量，表示 t 时期 i 上市公司的异常审计费用，通过计算模型（6-9）回归残差项的 t 期值与 t-1 期值之差得出，差大于 0 时，$\Delta FEE_{it}=1$，否则 $\Delta FEE_{it}=0$
$\Delta FEE_{it} * Ln\ S_{it}$	ΔFEE_{it} 与 S_{it} 的交叉项

6.2.2 从异常审计费用角度检验审计意见收买

（1）研究假设

高管收买审计意见的另外一个可能是支付超额的审计费用。审计师是有限理性经济人，一方面要为出具不合理审计结果承担责任和风险，另一方面又希望获取高额审计收益。正常情况下，审计师出具合理审计意见，并根据所承担的审计风险、支付的审计成本、合理的审计收益要求被审计客户支付审计费用。当审计师出具非标准审计意见并影响高管报酬“寻租”时，高管以超额支付审计费用为由要求审计师出具有利于自身的审计意见，审计师会权衡超额审计费用与出具不合理审计意见所承担的风险、责任的大小，超额审计费用越多，审计师的审计收益越多，越有可能与高管利益趋于一致。这种收买审计意见的动机随高管激励报酬的增加而增强，收买成功的可能性也增大。因此以下提出本章假设6-2：

假设6-2：在其他条件相同的情况下，高管激励报酬越高，通过支付高额审计费用进行审计意见收买的动机越大，成功实现审计意见收买的可能性也越大。

（2）研究方法与模型设定

为检验假设6-2，参照Simunic（1980）、Lennox（2000）、陆正飞和童盼（2003）、陈杰平等人（2005）、唐跃军（2007）等的研究，本书构建OLS回归模型（6-9）和Logistic回归模型（6-10）：

$$
\begin{aligned}
LnFEE_{it} = {} & \alpha_0 + \alpha_1 LnSIZE_{it} + \alpha_2 LEV_{it} + \alpha_3 ROA_{it} + \alpha_4 INVERC_{it} + \\
& \alpha_5 SQSUBS_{it} + \alpha_6 AUDITOR_{it} + \alpha_7 LnS_{it} + \alpha_8 Q_{it-1} * LnS_{it} + \\
& \text{fixed effect} + \varphi_{it}
\end{aligned} \tag{6-9}
$$

$$
\begin{aligned}
Q_{it} = {} & \beta_0 + \beta_1 LnSIZE_{it} + \beta_2 LEV_{it} + \beta_3 ROA_{it} + \beta_4 LnS_{it} + \beta_5 \Delta FEE_{it} + \\
& \beta_6 \Delta FEE_{it} * LnS_{it} + \text{fixed effect} + \eta_{it}
\end{aligned} \tag{6-10}
$$

模型（6-9）为审计费用模型，用以检验高管报酬是不是审计意见收买的动机，解释变量为LnS_{it}、$Q_{it-1} * LnS_{it}$。模型中控制变量的设置参考了Simunic（1980）等研究的经典审计费用模型，主要包括控制客户规模、审计风险、审计复杂程度、审计师类型等变量对审计费用的影响。本书预期，高管激励报酬越大，特别是在上期审计意见处于不利情况下时，收买审计意见的动机更大，并支付高额的审计费用，此时高管激励报酬将和审计费用高度相关，解释变量的回归系数将显著为正。$\hat{\alpha}_0$为常数项，$\hat{\alpha}_1 \sim \hat{\alpha}_6$为回归系数，$\varphi_{it}$为残差项，其余各变量定义参见表6-1 Panel D。

模型（6-10）为审计意见模型，用来检验高管激励报酬对通过支付异常审计费用成功实现审计意见收买的影响，解释变量为异常审计费用变量ΔFEE_{it}和交叉项$LnS_{it} * \Delta FEE_{it}$。$\beta_0$为常数项，$\beta_1 \sim \beta_6$ 为回归系数，η_{it}为残差项，其余各变量定义参见表 6-1 Panel E。与陈杰平等人（2005）、唐跃军（2007）等研究把审计意见按其对收买审计意见方的不利程度分成三类或更多类不同的是，本书只把审计意见分成非标准无保留审计意见和标准无保留审计意见两类。另外，唐跃军（2007）在计算异常审计费用时没有考虑审计费用的内生性问题，直接用前后两期的审计费用之差来衡量。陈杰平等人（2005）考虑到了审计费用的内生性问题，利用经典审计费用模型的前后期残差项之差作为异常审计费用的标准，但审计费用模型的残差项是根据各年数据回归得出的，而不同年份的残差项除包含了用以收买审计意见的异常审计费用外，还有可能包含了各年份特殊的信息，前后期残差项之差就不能完全衡量用于审计意见收买的异常审计费用。本书结合陈杰平等人（2005）的研究方法，考虑审计费用的内生性，利用模型（6-9）中的残差项来计算异常审计费用。首先根据全部样本数据回归得出各样本公司年的残差项 φ_{it}，然后计算各样本公司年的异常审计费用 $\Delta FEE_{it} = \varphi_{it} - \varphi_{it-1}$。本书预期高管激励报酬越高，审计意见收买动机越强，收买成功的可能性越大，解释变量回归系数将显著为负。

6.3 数据、实证结果与分析

6.3.1 样本选取与数据来源

中国证监会2001年12月22日发布《公开发行证券的公司信息披露编报规则第14号——非标准无保留审计意见及其审计事项的处理》，对上市公司审计意见类型进行了强调和规范，考虑到2005年上市公司开始实施股权分置改革对公司治理机制发生影响，2006年新会计准则和审计准则颁布对审计实施的影响，本章主要选取2002—2005年的深、沪两市A股上市公司为样本，并按下列顺序筛选样本：

（1）剔除金融类上市公司。金融类公司的财务指标的含义与其他公司不同，会计处理也存在较大差异，审计师需求与其他公司也存在差异。另外，金融类公司经营特征、经营风险和高管薪酬体制与其他类型企业也可能不同。

（2）剔除当年上市的公司。因研究中需要用到上一年审计意见、审计费用、审计师数据，样本需要具有连续两年的公开财务报告。

（3）剔除2005年开始实施股权分置改革的公司。中国上市公司从2005年起实施股权分置改革，为避免股权分置改革带来的流通股权结构变动的影响，去除开始实施股权分置改革的公司。

（4）剔除部分数据不全的公司。

经过上述筛选，最终确定4 027个样本公司年观测值，数据取自深圳国泰安公司与香港理工大学联合开发的CSMAR数据库以及北京色诺芬公司与北京大学中国经济研究中心联合开发的CCER数据库。

6.3.2 描述性统计与单变量分析

表6-2是本章主要变量描述性统计结果。从表6-2中可以看出，所有样本中有8.5%的公司变更了审计师；上市公司被出具非标准审计意见的概率为11%，而且被出具非标准审计意见的概率具有连续性（Q_{it}和Q_{it-1}的均值都为0.11）；上市公司年度报告审计费用平均值约为44.8万元，超过半数样本公司年度审计费用低于平均值，最大值为1 551万元（宝钢股份2004年），远大于最小值2.862万元（长城电脑2002年）；异常审计费用均值为0.0084，最大值为3.05，最小值为-3.16，中位数接近于0；年度前三名高管

报酬总额平均值为 451 021.80 元，过半数样本公司低于平均值，最大值为 5 121 170.00 元（用友软件 2004 年），远大于最小值 10 800.00元（山东巨力 2005 年）。

表 6-2　　　　　　　　　**主要变量描述性统计**

变量名称	样本量	最小值	最大值	平均值	中位数	标准差
C_{it}	4 027	0.00	1.00	0.085	0.00	0.2788
Q_{it}	4 027	0.00	1.00	0.11	0.00	0.3167
Q_{it-1}	4 027	0.00	1.00	0.11	0.00	0.3123
ΔP_{it}	4 027	-0.50	0.59	0.011	0.015	0.0558
$AUDITOR_{it}$	4 027	0.00	1.00	0.041	0.00	0.2045
FEE_{it}	4 027	28 620	15 510 000.00	448 443.02	400 000.00	391 302.68
ΔFEE_{it}	4 027	-3.16	3.05	0.0084	0.0043	0.3332
$LnSIZE_{it}$	4 027	16.88	24.89	21.06	21.00	0.9055
LEV_{it}	4 027	0.01	23.80	0.56	0.50	0.7514
ROA_{it}	4 027	-1.79	0.51	0.0036	0.022	0.13117
$INVERC_{it}$	4 027	0.0021	0.93	0.30	0.28	0.1661
S_{it}	4 027	10 800.00	512 1170.00	451 021.80	332 453.00	433 239.57

注：ΔP_{it}代表审计意见收买变量，FEE_{it}表示年度报告审计费用总额，单位为元。ΔFEE_{it}为异常审计费用，从理论上看，作为残差项之差，均值应等于 0，此处异常审计费用的均值不等于 0 可能是计算误差造成的。S_{it}为年度前三名高管报酬总额，单位为元。

表6-3是变量间相关系数表，其中Panel A是模型（6-6）、模型（6-7）、模型（6-8）中变量相关系数，Panel B是模型（6-9）、模型（6-10）中变量相关系数。从表6-3中可以看出，尽管变量间相关性显著，但自变量间相关系数远小于0.8，可以认为自变量间均不存在严重的多重共线性。Panel A中审计师变更变量C_{it}与自变量Q_{it-1}、LEV_{it}单变量显著正相关，与ROA_{it}单变量显著负相关，表明上年度被出具非标准无保留审计意见的公司或者财务杠杆较高的公司更容易变更审计师，盈利差的公司也容易变更审计师；审计师变更变量C_{it}与S_{it}负相关，但不显著，单变量分析不支持高管激励报酬是审计师变更的动机这一假设。Panel A中因变量Q_{it}与自变量Q_{it-1}、LEV_{it}单变量显著正相关，与ROA_{i}、S_{it}单变量显著负相关，表明上年度被出具非标准无保留审计意见的公司，下年度也容易被出具非标准无保留审计意见，概率为57.1%，财务杠杆较高的公司、盈利差的公司、高管报酬较高的公司更容易被出具非标准无保留审计意见，单变量分析不支持高管报酬越高收买审计意见越可能成功这一假设。Panel B中因变量$LnFEE_{it}$与自变量$LnSIZE_{it}$、LEV_{it}、ROA_{it}、$AUDITOR_{it}$、$SQSUBS_{it}$、LnS_{it}单变量显著正相关，与自变量Q_{it-1}单变量显著负相关，从单变量分析看，高管报酬较高，通过支付较高审计费用收买审计意见的动机较强；Panel B中因变量与自变量Q_{it-1}、LEV_{it}、ROA_{it}、ΔFEE_{it}显著正相关，与LnS_{it}显著负相关，从单变量分析看，高管报酬较高的公司通过支付超额审计费用也不能成功收买审计意见。

表6-3　　**变量间相关系数**

Panel A模型（6-6）、模型（6-7）、模型（6-8）

	C_{it}	Q_{it}	Q_{it-1}	LEV_{it}	ROA_{it}	S_{it}
C_{it}	1	0.095**	0.130**	0.037*	-0.084**	-0.010

续表

Panel A 模型（6-6）、模型（6-7）、模型（6-8）

Q_{it}	0.095 **	1	0.571 **	0.276 **	-0.402 **	-0.127 **
Q_{it-1}	0.130 **	0.571 **	1	0.235 **	-0.278 **	-0.099 **
LEV_{it}	0.014	0.283 **	0.188 **	1	-0.418 **	-0.052 **
ROA_{it}	-0.085 **	-0.474 **	-0.323 **	-0.543 **	1	0.259 **
S_{it}	-0.010	-0.127 **	-0.099 **	-0.070 **	0.163 **	1

Panel B 模型（6-9）、模型（6-10）

	$LnFEE_{it}$	Q_{it}	Q_{it-1}	$LnSIZE_{it}$	LEV_{it}	ROA_{it}	$INVERC_{it}$	$AUDITOR_{it}$	$SQSUBS_{it}$	LnS_{it}	ΔFEE_{it}
$LnFEE_{it}$	1	-0.053 **	-0.035 *	0.555 **	0.133 **	0.061 **	-0.029	0.155 **	0.213 **	0.219 **	0.201 **
Q_{it}	-0.0443 **	1	0.573 **	-0.176 **	0.274 **	0.400 **	0.163 **	-0.042 *	-0.065 **	-0.128 **	0.050 *
Q_{it-1}	-0.029	0.573 **	1	-0.147 **	0.235 **	-0.274 **	0.144 **	-0.029	-0.053 **	-0.099 **	-0.016
$LnSIZE_{it}$	0.553 **	-0.206 **	-0.174 **	1	0.111 **	0.159 **	-0.152 **	0.145 **	0.197 **	0.275 **	-0.048 *
LEV_{it}	-0.024	0.283 **	0.188 **	-0.218 **	1	-0.418 **	0.342 **	-0.106 **	0.124	-0.051 **	-0.024
ROA_{it}	0.085 **	-0.471 **	-0.319 **	0.288 **	-0.544 **	1	-0.315 **	0.138 **	0.273 *	0.259 **	-0.053 **
$INVERC_{it}$	-0.022	0.179 **	0.158 **	-0.159 **	0.145 **	-0.227 **	1	-0.079 **	0.088	-0.032 *	0.031
$AUDITOR_{it}$	0.185 **	-0.042 *	-0.029	0.157 **	-0.042 *	0.077 **	-0.073 **	1	0.051 *	0.107 **	0.005
$SQSUBS_{it}$	0.213 **	-0.078 **	-0.065 **	0.197 **	0.124	0.273 *	0.088	0.044 **	1	0.037 *	0.077
LnS_{it}	0.221 **	-0.128 **	-0.099 **	0.278 **	-0.070 **	0.166 **	-0.023	0.107 **	0.043 *	1	-0.038
ΔFEE_{it}	0.314 **	0.019	-0.026	0.010	-0.006	0.038	0.002	0.040 *	0.047	0.018	1

注：*、** 分别表示在 5%、1% 水平上显著（双尾）。左下方为 Pearson 相关系数，右上方为 Spearman 相关系数。

6.3.3 多元回归结果与分析

表6-4是在不控制年度和行业的情况下，采用Lennox（2000）的研究方法，包含所有样本的模型（6-3）的回归结果，模型整体模拟效果良好，R^2 达56%，回归系数符号与预测相符。利用表6-4的回归系数计算所有样本公司的审计意见收买变量 $P(\hat{Q}_{it}^{q1}=1)-P(\hat{Q}_{it}^{q0}=1)$，得到审计意见收买变量序列，其描述性统计见表6-2。表6-5第1栏是模型（6-6）根据高管激励报酬高低分组进行Logistic回归的结果，$S_{it}=1$ 表示高管激励报酬大于所有样本中位数，$S_{it}=0$ 表示高管激励报酬小于中位数，通过比较两组样本回归系数来判断高管激励报酬对审计意见收买的影响。两组样本Logistic回归拟合优度 R^2 都不超过0.020，但Chi-square统计值在1%水平均显著，模型整体拟合效果较好。两组样本各变量回归系数符号一致，但审计意见收买变量回归系数与预测相反，表明两组样本都没有通过审计师变更成功实现审计意见收买。通过比较还可以发现，尽管回归系数符号一致，但高管激励报酬大于中位数（$S_{it}=1$）的样本组，审计意见收买变量回归系数在10%水平上显著为正，而高管激励报酬小于中位数（$S_{it}=0$）的样本组，审计意见收买变量回归系数不显著，这表明采用Lennox（2000）的研究方法，考虑作出相反审计师变更决策情况下的审计意见，高管激励报酬较高的样本公司更加不可能通过审计师变更成功实现审计意见收买，不支持假设6-1。

表6-4　　**模型（6-3）的回归结果**

	预期符号	回归系数
Constant		-3.83***
LEV_{it}	+	1.20***
ROA_{it}	-	-13.66***

续表

	预期符号	回归系数
Q_{it-1}	+	3.05 ***
C_{it}	–	–0.12
$C_{it} * Q_{it-1}$	–	–0.084
$C_{it} * LEV_{it}$	+	0.89
$C_{it} * ROA_{it}$	–	7.257 ***
Chi-square		1 341.94
P-value		0.000 ***
Pseudo-R^2		0.561
样本量		4 027

注：*** 表示在 1% 水平上显著。

表 6-5　　　　**模型（6-6）的回归结果**

	预期符号	1		2		3	
		$S_{it}=1$	$S_{it}=0$	$S_{it}=1$	$S_{it}=0$	$S_{it}=1$	$S_{it}=0$
Constant		-1.70 ***	-2.27 ***	-1.64 ***	-2.35 ***	-1.23 ***	-2.68 ***
P（$\hat{Q}_{it}^{q1}=1$）-P（$\hat{Q}_{it}^{q0}=1$）	-	4.72 *	0.77	4.77	0.73	4.86	0.71
LEV_{it}	+	1.37 **	0.22	2.14 **	0.29 *	2.33 **	0.21 *
ROA_{it}	-	-5.35 ***	-2.06 ***	-4.78 ***	-2.17 ***	-4.97 ***	-2.38 ***
Chi-square		17.22	17.39	20.27	16.17	22.34	15.69
P-value		0.007	0.000	0.000	0.000	0.000	0.000
Pseudo-R^2		0.020	0.017	0.021	0.020	0.024	0.023

注：*、**、*** 分别表示在 10%、5%、1% 水平上显著。表中第 1 栏、第 2 栏、第 3 栏分别是以高管激励报酬所有样本的上 1/2、1/3、1/4 为标准进行分组的回归结果，$S_{it}=1$ 表示大于分组标准，$S_{it}=0$ 表示小于分组标准，其中第 2 栏、第 3 栏是稳健性检验结果。

表6-6Panel A 第1栏是不考虑作出相反审计师变更决策情况下的审计意见，模型（6-7）的回归结果，第2栏至第3栏及Panel B是稳健性检验结果。模型拟合优度仍只有0.037，但超过模型（6-6）的拟合优度，可能是模型（6-7）变量增加造成的，模型（6-7）整体模拟效果较好，在1%水平上显著。从表6-6可以看出，与单变量分析不同的是，在控制其他变量后，高管报酬变量（S_{it}）的回归系数为正，解释变量 $Q_{it-1} * S_{it}$ 的变量回归系数也为正，不过两者都不显著，而上年度是否被出具非标准审计意见变量（Q_{it-1}）的回归系数显著为正，这说明上年度被出具非标准审计意见的公司有较强的变更审计师的动机，而高管报酬的高低对公司收买审计意见的动机有影响，但不显著，不支持假设6-1。

表6-6　　**模型（6-7）的回归结果**

Panel A 以年度前三名高管报酬总额进行分组

	预期符号	1	2	3
Constant		−2.39***	−2.38***	−2.37***
LEV_{it}	+	−0.29*	−0.30*	−0.30*
ROA_{it}	−	−1.49***	−1.49***	−1.46***
S_{it}	?	0.033	0.011	−0.11
Q_{it-1}	+	0.92***	0.97***	0.98***
$Q_{it-1} * S_{it}$	+	0.22	0.13	0.11
Chi-square		66.35***	65.75***	65.62***
Pseudo-R^2		0.037	0.037	0.037
样本量		4 027	4 027	4 027

续表

Panel B 以年度前三名高管报酬总额和资产比值进行分组				
Constant		-2.48^{***}	-2.35^{***}	-2.35^{***}
LEV_{it}	+	-0.30^{**}	-0.31^{**}	-0.31^{*}
ROA_{it}	-	-1.43^{***}	-1.38^{***}	-1.45^{***}
$SDSIZE_{it}$	?	0.202	-0.061	-0.14
Q_{it-1}	+	0.95^{***}	0.88^{***}	0.95^{***}
$Q_{it-1}*SDSIZE_{it}$	+	0.100	0.39	0.23
Chi-square		66.43^{***}	67.37^{***}	66.48^{***}
Pseudo-R^2		0.039	0.038	0.037

注：*、**、***分别表示在10%、5%、1%水平上显著。S_{it}、$SDSIZE_{it}$分别表示以高管激励报酬总额、高管报酬总额和资产比值的中位数、以高管激励报酬所有样本的上1/3、1/4为标准把高管报酬定义为哑变量，当超过标准时，定为1，否则为0；第1栏、第2栏、第3栏分别是中位数、以高管激励报酬所有样本的上1/3、1/4为标准的回归结果。

表6-7Panel A是不考虑作出相反审计师变更决策情况下的审计意见，模型（6-8）的回归结果，其中第1栏为上年度被出具非标准无保留审计意见的样本组，第2栏为上年度被出具标准无保留审计意见的样本组。表6-7中数据显示，模型（6-8）拟合效果较好，在1%水平上显著。两个财务特征变量都显著相关，说明审计意见的类型受公司财务状况显著影响。控制变量$C_{it}*ROA_{it}$的回归系数在10%水平显著为正，说明审计师变更对收益状况较好的公司的审计意见改善反而有不利影响。C_{it}的回归系数均为正，与预期不符，但不显著。在第1栏中，LnS_{it}的回归系数为正，解释变量$C_{it}*LnS_{it}$的回归系数为负，与预期相符，但不显著，上述结果表

明审计师变更对审计意见的改善没有影响，高管报酬增加了审计意见收买成功的可能性，但不显著。在第2栏中，LnS_{it}的回归系数为负，$C_{it} * Q_{it-1} * S_{it}$的回归系数符号与预期相符，也为负，但不显著，表明无论上期是否被出具非标准无保留审计意见，高管报酬的高低对通过审计师变更能否成功实现审计意见收买有影响，但审计意见不能显著改善，不支持假设6-1。

表6-7 **模型（6-8）的回归结果**

	预期符号	1	2
		$Q_{it-1}=1$	$Q_{it-1}=0$
Panel A 高管报酬变量为年度前三名高管报酬总额的自然对数			
Constant		-0.92	-1.62
LEV_{it}	+	1.04***	1.39***
ROA_{it}	-	-13.97***	-13.02***
LnS_{it}	+	0.02	-0.18
$C_{it} * LEV_{it}$	+	0.82	1.45
$C_{it} * ROA_{it}$	+	7.17*	7.54*
C_{it}	-	0.34	0.36
$C_{it} * LnS_{it}$	-	-0.042	-.061
Chi-square		144.26***	361.35***
Pseudo-R^2		0.38	0.30
样本量		431	3586

续表

Panel B 高管报酬变量为年度前三名高管报酬总额与总资产自然对数之比			
Constant		-3.98*	-1.88
LEV_{it}	+	1.05***	1.37***
ROA_{it}	-	-14.54***	-13.36***
$SDSIZE_{it}$	+	5.52	-3.42
C_{it} * LEV_{it}	+	0.88	1.27
C_{it} * ROA_{it}	+	7.69*	7.59***
C_{it}	-	1.40	2.58
C_{it} * $SDSIZE_{it}$	-	-2.72	-4.90
Chi-square		146.86***	361.43***
Pseudo-R^2		0.39	0.30

注：*、**、*** 分别表示在10%、5%、1%水平上显著。其中第1栏、第2栏分别为上年度被出具非标准无保留审计意见、标准无保留审计意见的样本组回归结果。LnS_{it}表示年度前三名高管报酬总额的自然对数，$SDSIZE_{it}$表示年度前三名高管报酬总额与总资产自然对数之比。

表6-8第1栏是模型（6-9）从审计费用角度考察高管报酬是不是审计意见收买动机的回归结果，第2栏、第3栏、第4栏是稳健性检验结果。模型回归都控制了年度和行业的影响，拟合优度分别为0.33、0.56以上，模型模拟效果较好，均在1%水平上显著。模型（6-9）的D-W值接近2，不存在严重自相关性，并通过异方差统计检验。表6-8第1栏数据显示，模型（6-9）各控制变量回归系数与预期符号一致，其中 $LnSIZE_{it}$、LEV_{it}、$INVERC_{it}$、

$SQSUBS_{it}$、$AUDITOR_{it}$均与因变量审计费用显著正相关，表明我国上市公司年度审计费用受客户规模、经营风险、财务风险、审计师类型等因素影响。解释变量 S_{it}、$Q_{it-1} * S_{it}$的回归系数均显著为正，意味着高管报酬较高的公司往往支付较高的审计费用，当上期为非标准无保留审计意见时，高管报酬较高的公司支付的审计费用显著增加，表明高管报酬高的公司有通过支付异常审计费用收买审计意见的动机，支持假设6-2。

表6-8　　**模型（6-9）的回归结果**

	预期符号	1	2	3	4
Constant		5.96***	6.53***	6.12***	5.18***
$LnSIZE_{it}$	+	0.29***	0.30***	0.26***	0.33***
LEV_{it}	+	0.047***	0.050***	0.087***	0.045***
ROA_{it}	−	−0.097	−0.13	−0.11	−0.089
$INVERC_{it}$	+	0.15***	0.16***	0.12***	0.16***
$SQSUBS_{it}$	+	0.081***	0.076***	0.077***	0.085***
$AUDITOR_{it}$	+	0.23***	0.23***	0.22***	0.23***
LnS_{it}	+	0.061***	0.058***	0.055***	1.29***
$Q_{it-1} * LnS_{it}$	+	0.007**	0.084**	0.088**	0.15***
Adjust-R^2		0.336	0.334	0.334	0.346
F		149.07	146.18	146.02	149.14
P-value		0.000***	0.000***	0.000***	0.000***
D-W 值		1.97	1.97	1.97	1.91
样本量		4 027	4 027	4 027	4 027

注：*、**、*** 分别表示在10%、5%、1%水平上显著。其中第1栏是把高管报酬变量定义为年度前三名高管报酬总额的自然对数的回归结果，第2栏是以中位数为标准把高管报酬定义为二分哑变量的回归结果，第3栏是以上四分位数为标准把高管报酬定义为二分哑变量的回归结果，第4栏是把高管报酬变量定义为年度前三名高管报酬总额的自然对数与总资产自然对数比值的回归结果。

表6-9第1栏是模型（6-10）从审计费用角度考察高管报酬对审计意见收买成功可能性影响的回归结果，第2栏、第3栏是稳健性检验结果。表6-9第1栏数据显示，控制变量LEV_{it}、ROA_{it}、Q_{it-1}与审计意见类型显著相关，表明审计师在出具审计意见时要考虑客户财务风险、盈利能力、上期审计意见。LnS_{it}的回归系数为负，但不显著。解释变量ΔFEE_{it}的回归系数与预期一致，但不显著，而$S_{it} * \Delta FEE_{it}$的回归系数与预期不一致，意味着审计意见收买不成功，不支持假设6-2。

表6-9　　**模型（6-10）的回归结果**

	预期符号	1	2	3
Constant		−1.69	−3.56	−3.33
$LnSIZE_{it}$	−	−0.009*	−0.014*	−0.015*
LEV_{it}	+	1.09	1.12***	1.13***
ROA_{it}	−	−12.18***	−12.18***	−12.45***
Q_{it-1}	+	2.92***	2.92***	2.93***
LnS_{it}	?	−0.16	−0.25	−0.22
ΔFEE_{it}	−	−0.99	0.40	0.47
$\Delta FEE_{it} * LnS_{it}$	−	0.11	0.12	0.50
Chi-square		828.14	828.01	829.04
P-value		0.000***	0.000***	0.000***
$Pseudo\text{-}R^2$		0.556	0.556	0.557
样本量		4 027	4 027	4 027

注：*、**、***分别表示在10%、5%、1%水平上显著。第1栏是把高管报酬定义为连续变量、以是否增加为标准把异常审计费用定义为二分哑变量的回归结果；第2栏是以中位数为标准把高管报酬定义为二分哑变量、以是否增加为标准把异常审计费用定义为二分哑变量的回归结果；第3栏是以中位数为标准把高管报酬定义为二分哑变量、异常审计费用为连续变量的回归结果。

6.3.4 稳健性检验

为进一步检验高管激励报酬对上市公司通过审计师变更进行审计意见收买的影响，以下通过高管激励报酬变量的不同定义，对本章各模型进行稳健性检验。

（1）模型（6-6）的稳健性检验

分别以所有样本高管报酬的上1/3、上1/4为标准把样本分成两组，$S_{it}=1$表示大于分组标准，$S_{it}=0$表示小于分组标准，回归结果见表6-5中第2栏、第3栏数据。结果显示，改变高管报酬分组标准，各组审计意见收买变量仍不为负，且高管报酬较高的样本组（$S_{it}=1$）的审计意见收买变量的回归系数比高管报酬较低的样本组（$S_{it}=0$）的审计意见收买变量的回归系数要大，表明采用Lennox（2000）的研究方法，考虑作出相反审计师变更决策情况下对审计意见的影响，高管报酬的高低对审计意见收买成功与否无影响，没有改变结论。

（2）模型（6-7）的稳健性检验

表6-6Panel A中的第2栏、第3栏以及Panel B为稳健性检验结果，表6-6中数据显示，不管是按高管报酬的上1/3、1/4为标准，还是以年度前三名高管报酬总额和资产比值代替年度前三名高管报酬总额的自然对数，解释变量Q_{it-1}、$Q_{it-1}*S_{it}$或$Q_{it-1}*SDSIZE_{it}$的回归系数方向、显著性都不变，表明高管激励报酬可能是通过审计师变更收买审计意见的动机，但结果不显著。

（3）模型（6-8）的稳健性检验

以年度前三名高管报酬总额和资产自然对数比值替代年度前三名高管报酬总额的自然对数，重新对模型（6-8）进行分组回归，结果见表6-7Panel B，结果显示解释变量C_{it}、$C_{it}*SDSIZE_{it}$的回归系数方向、显著性均没有改变，表明高管报酬对通过审计师变更成功收买审计意见与否有影响，即高管激励报酬越高，通过审计师变更成功收买审计意见的可能性越大，但这种影响不显著。

（4）模型（6-9）的稳健性检验

表6-8中第2栏、第3栏是以高管激励报酬中位数、上1/4为标准把高管报酬定义为二分哑变量，第4栏是以年度前三名高管报酬总额和资产自然对数比值替代年度前三名高管报酬总额的自然对数，对模型（6-9）进行稳健性检验的回归结果，数据显示不改变研究结论，支持假设6-2，即高管报酬是通过支付高额审计费用以收买审计意见的动机之一，高管报酬越高，越有可能通过支付高额审计费用以收买审计意见。

（5）模型（6-10）的稳健性检验

以高管激励报酬中位数为标准把高管报酬定义为二分哑变量、以异常审计费用分别为哑变量和连续变量对模型（6-10）进行稳健性检验，回归结果见表6-9中第2栏、第3栏，除异常审计费用ΔFEE_{it}的回归系数变为正向外，其余结果不改变，仍不支持假设6-2。

6.4 本章小结

高管报酬通常被认为是审计意见收买的动机之一，本章以我国上市公司2002—2005年数据为样本，从审计师变更和审计收费两个角度全面检验了高管激励报酬对上市公司审计意见收买动机和结果的影响。从审计师变更的角度研究发现，高管激励报酬高的公司有通过审计师变更收买审计意见的动机，但不明显；高管激励报酬的高低对通过审计师变更能否成功实现审计意见收买有影响，但审计意见不能显著改善。从审计收费的角度研究发现，在控制了其他变量后，高管激励报酬与审计收费显著正相关，这种正相关性在上年度审计意见为非标准无保留审计意见时加剧，表明为了获取高额报酬，上市公司高管有通过支付超额审计费用以收买审计意见的动机，不过通过审计意见对异常审计费用的回归检验，没有发现通过支付异常审计费用实现成功收买审计意见的目的。

7 结 论

本章归纳论文的研究结论，在此基础上提出相应的政策建议，然后说明本书的研究局限并指出后续研究的方向。

7.1 研究结论

企业是一系列合约的联合体，激励合约和外部审计合约是这一系列合约的组成部分，是现代企业两个重要的公司治理机制，在理论界和实务界受到普遍重视。本书研究现代企业高管激励报酬和外部审计需求的关系，首先运用规范研究方法对激励报酬和外部审计这两个合约的性质及关联性进行分析，然后以我国证券市场2002—2005年数据为样本进行了实证检验，得到的主要结论如下：

（1）激励合约与外部审计合约具有制度互补性

由于委托权的不确定性、信息不对称和不完全性，基于经典委托代理理论或激励理论的现代企业激励合约都是不完全的，导致激励合约的异化和无效率性，在合约制定、执行等过程中产生一系列的代理冲突问题。外部审计能降低信息的不对称，弥补激励合约的不完全缺口，但审计本身也具有不完全合约的性质。不过，激励合约和审计合约分别属于组织域和跨组织域、交易域，审计合约与激励合约之间形成博弈均衡，具有制度互补性，通过强化审计市场的信誉机制、行业自律、政府监管等制度安排可以改善审计合约效率，从而能达到一个有效率的激励合约。

（2）高管激励报酬与高质量审计需求正相关，高质量审计能提升公司价值

以国际“四大”或国内“十大”作为高质量审计的替代，在控制了其他变量后，上市公司高管激励报酬与聘用国际“四大”或国内“十大”的概率均显著正相关，高质量审计或高质量审计和高管激励报酬变量的交叉项与公司价值显著正相关。结果表明，我国上市公司高管激励报酬合约存在代理冲突增加效应，高管激励报酬高的公司对高质量审计需求也较高，高质量审计能缓解这种代理冲突增加效应，并能提升公司价值。

（3）审计师能关注高管激励报酬诱发的盈余管理行为，并出具合理审计意见，体现了较高的审计质量

按未来可实现性盈余管理可分为“机会主义”和“信息传递”两类，上市公司的盈余管理整体上属于“机会主义”类型，审计师对此出具非标准无保留审计意见的概率显著增加。高管激励报酬会诱发盈余管理行为，审计师对高管激励报酬诱发的以可操控性应计项目衡量的盈余管理出具非标准无保留审计意见的概率显著减少，而对以线下项目衡量的盈余管理反应不显著。可能的解释是，在我国，高管在位一般持续几年，出于对任期内报酬的持续性、续聘的考虑，利用盈余管理进行利润平滑。激励报酬诱发的高管盈余管理行为总体上属于“信息传递”盈余管理，该类盈余管理能传递公司未来的经营业绩信息，因而被审计师评估为较低的审计风险，并减少出具非标准无保留审计意见的概率；另一方面，也说明审计质量较高，能正确识别并反映高管盈余管理行为，对高管的“机会主义”盈余管理行为也起到抑制作用。高管权力对激励报酬诱发盈余管理行为有影响，当实际控制人为政府时，公司高管在激励报酬合约中的权力更大，不需要通过盈余管理的方式提高激励报酬，如加大在职消费等，高管激励报酬诱发盈余管理程度下降，审计师对此出具非标准无保留审计意见的概率下降。股权越集中

（以第一大股持股比例表示）的公司，高管在激励报酬合约中权力越小，越需要通过盈余管理获得目标报酬，但考虑到今后几年的聘用、薪酬情况，盈余管理属于“信息传递”型，股权集中度越高，激励报酬诱发盈余管理程度越大，审计师对此出具非标准无保留审计意见的概率下降。需要指出的是，高管激励诱发的“信息传递”盈余管理使高管当期报酬边际效用增大，财富从所有者向管理者转移增多，所有者效率损失，仍然意味着管理者与所有者之间代理冲突的存在。

（4）高管有为了获取高额激励报酬进行审计意见收买的动机，但审计意见收买不成功

为了获取高额激励报酬，高管有收买审计意见的动机，收买审计意见的方式主要有变更审计师和向现任审计师支付异常审计费用。从审计师变更的角度研究发现，高管激励报酬高的公司有通过审计师变更收买审计意见的动机，但不明显，收买结果也不成功。从审计收费的角度研究发现，在控制了其他变量后，高管激励报酬与审计收费显著正相关，这种正相关性在上年度审计意见为非标准无保留审计意见时加剧，表明为了获取高额报酬，上市公司高管有通过支付超额审计费用以收买审计意见的动机，不过通过审计意见对异常审计费用的回归检验，没有发现通过支付异常审计费用实现成功收买审计意见的目的。研究结果表明，尽管高管为了谋取高额激励报酬存在收买审计意见的动机，但审计意见收买并没有成功，体现了较高的审计质量，高质量审计将有利于激励合约的效率优化，与前文研究结论一致。

7.2 政策建议

根据以上研究结论，提出以下政策建议：

（1）完善上市公司高管激励的监督与约束机制，加强上市公司高管薪酬审计，正确认识审计报告在高管激励合约中的意义

2008 年金融危机以来，上市公司高管的高额薪酬受到世界各国的广泛关注。2009 年年初，美国和欧盟相继对接受政府救助金融机构高管的薪酬颁布“限薪令”，我国财政部也印发相关办法，对国有金融企业负责人最高年薪进行限制①。这些“限薪令”都是发生在危机之后，令人深思的是，难道只有等到危机出现之后才限薪？限薪不可能解决高管薪酬安排中的所有问题，限薪到底限制到什么程度？那些非国有的、非金融类的企业高管薪酬要不要限制？

对于高管激励，目前关心较多的是如何使激励效应最大化的问题，而忽视对激励本身的约束与监督问题。正如本书所研究，由于合约的不完全性，激励报酬安排中存在异化问题，产生一系列代理冲突，既可能是因业绩与薪酬的背离而出现的高额薪酬，也有可能是操纵盈余而产生的高额薪酬。高管应该拿多少报酬说到底是一个市场化的问题，过高则有失公平，过低则失去了激励作用，关键是要做到激励报酬制定的合法性、公正性、透明性。而要达到这些要求，单纯依靠董事会、独立董事等公司内部治理机制难以实现②。审计师不可能对高管报酬直接定价，但凭借其宽广的知识面、独立的职业形象，在提高公司信息可靠度和透明度、降低信息不对称、提供鉴证等方面发挥着不可或缺的公司治理机制作用，能监督高管

① 2009 年 2 月 5 日，新任美国总统奥巴马颁布“限薪令”，限制得到政府资金救助的美国金融公司高管最高年薪不得超过 50 万美元，两天后的 2 月 6 日，欧盟委员会也开始鼓励各成员国限制接受政府救助金融机构高管的薪酬。国泰君安证券曝出人均年薪 100 万的新闻之后，中国版的“限薪令”也随之登场，2009 年 1 月 13 日财政部印发的《金融类国有及国有控股企业负责人薪酬管理办法（征求意见稿）》中规定，国有金融企业负责人最高年薪为税前收入 280 万元人民币。

② 正如 Bebchuk and Fried（2003）指出，问题薪酬不仅仅对除董事会成员之外的高级管理人员存在，独立董事及其他董事会成员同样存在。Himmelberg and Hubbard（2000）认为经理人在报酬安排中的权力“寻租”行为最终要受到“愤怒成本”的限制，这种愤怒会通过经理人的职业声誉、机构投资者的不满、工会的抗议等途径进行传递，来制约经理人报酬增加的行为。显然，上述愤怒的传递途径在我国很少存在，况且这些传递途径存在严重的滞后性，不能及时传递报酬安排中所包含的信息。

激励报酬的履约过程。审计在公司经营者薪酬方面的监督作用在国外很早就受到重视，如英国1985年《公司法》要求审计师对公司经营者薪酬报告是否符合公司法要求发表意见（周云帆和朱羿锟，2005）。现行制度安排中，年度审计主要是针对财务报告的审计，审计师对高管利用盈余管理、财务舞弊等手段牟取报酬的行为能够进行关注①，对在职消费在一定程度上也能给予监督。本书附录中就高质量审计对程序不公正性的缓解作用进行了实证检验，发现上市公司存在高管利用手中权力采取程序非公正化手段牟取报酬的行为，当前年度审计并不能有效缓解激励报酬制定中的程序不公正问题。随着我国上市公司的股权分置改革和全流通，股权的分散必将导致高管在报酬安排中权力的增大，失去约束的激励机制必然制造扭曲的市场。因此，薪酬审计作为降低公司代理成本的一项措施，应强化其在上市公司审计中的重要性，审计师的意见也可作为高管报酬制定的依据之一。审计师可接受股东大会的委托，对公司高管激励报酬进行专项审计，以确定激励报酬的合理性，对薪酬方面的审计情况应该向股东大会报告，并公开披露。不仅要关注激励报酬制定后业绩的可靠性、合理性，而且要关注激励报酬制定前业绩指标选择、敏感度的合理性②。

（2）完善上市公司高管激励报酬制定的独立性、公正性规则，加强在财务报告或年报中的披露，提高高管激励报酬的透明度

审计作为一种鉴证职能，是以一定的鉴证标准为依据的，完善上市公司高管激励报酬制定规则和在财务报告或年报中的披露规则，有利于薪酬审计作用的发挥。尽管我国相关法规对高管激励报酬的制定或披露规则进行了规范（见本书第3章），但还不够完

① 本书对高管利用财务舞弊牟取报酬的审计未进行实证检验，这也是未来需要进一步研究之处。

② 20世纪90年代全国各地在试点年薪制，建立风险抵押制度，规定企业家上岗时，不仅需要以基本年薪两倍的数额缴纳风险抵押金，而且要在经营责任期满或工作变动时经审计终结确认经营状况属实后返还（侯清麟，2004）。

善、系统性不够，缺乏对激励报酬制定程序中的独立性、公正性的规定，一些公司尚未成立薪酬委员会，对股东和管理者在企业剩余收益中的分配机制缺乏正确认识，一些公司股东多年没有得到分红而高管报酬丰厚。在信息披露方面也存在披露不充分、不透明的现象，相关的法律法规缺乏对高管报酬披露的严格要求，如我国《证券法》只要求上市公司在年报中披露高管持股情况，《企业会计准则》则只强调报酬总额、形式的确认，或关联方交易的金额，而对报酬的决策程序、报酬确定依据以及报酬的实际支付情况等详细信息只有证监会的年报披露格式中有所要求，这也削弱了上市公司高管报酬披露的法定要求。

那么如何实现高管激励报酬制定程序的公正呢？我们先看看美国法院是如何按照程序公正的原则判定高管激励报酬的合理性和公平性的。在美国，高管巨额的奖金计划与公司业绩的反差也引起了广大中小股东的不满，并经常诉诸法院，要求高管退回高额报酬。既然高管激励报酬和奖金计划的制订一般都是由董事会授权决定或经过股东大会批准，报酬或奖金的高低属于市场行为，法院在判定此类问题时，通常遵循商业判断规则①的例外原则，即只要判断高管激励报酬的制定和获得过程是不是自我交易行为、是不是浪费公司财产的行为。根据普通法的规定，高管薪酬的自我交易行为属于无效行为，但下列三种情况属于有效的交易：①有关薪酬交易获得了与此项交易无利害关系的董事会或者董事会的下属的专门委员会的批准；②有关薪酬交易获得无利害关系股东的同意；③经理人员的薪酬对公司而言是公平的。所谓浪费公司财产是指高管薪酬和高

① 所谓商业判断规则是指只要董事会是基于善意和诚实态度所作出的商业决策，即使由于该项决策导致公司蒙受损失，董事也无须对此负责。根据美国法学研究所（ALI）所制定的《公司治理原则》（Principles of Corporate Governance）第4.01（c）条规定："在下列情况下，以善意作出商业判断的董事或经理即履行了他（她）在本条项下的职责：（1）与商业判断事项没有利害关系；（2）对有关商业判断事项的了解达到董事、经理在相同情况下会合理地相信为适当的程度；（3）合理地相信此项商业判断符合公司的最佳利益。"

管给公司提供的服务不相称，公司支付高管的薪酬由于没有获得足值的回报而显得过于高昂。法院在具体判定是否属于以上两种例外行为时主要审查高管薪酬的对价是否合理、薪酬与公司所获得服务是否存在合理关系。薪酬是公司对高管提供管理服务给予的补偿和激励，其首要前提就是高管必须提供这种有利于公司价值增加的服务。如果无需提供服务就能获得报酬或者对过去的服务提供报酬都不符合对价原则，例如报酬计划的股票期权可以立即行使，即使高管立即辞职也不影响期权的行使。对于薪酬与服务是否存在合理关系的审查更加复杂些，如对于现金薪酬需要考虑同行业同类人员的薪酬状况、公司的经营状况、经理人员的能力和贡献、薪酬的绝对值等①。

可见，要实现高管激励报酬制定程序的公正需要做到以下几点：①健全的公司治理结构。一套程序的完成需要一定组织结构、组织程序，报酬的制定牵涉到股东大会、董事会、经理、薪酬委员会等下属委员会、审计等相关权力制衡部门或机构，对这些部门和机构的权力行使、责任承担应在公司章程中明确规定。相关的公司治理规则应以公司价值最大化为依据，不能因某一方利益而偏袒该方。②程序的独立性。程序的独立就是要保证利害关系人不以自身利益为目标决定报酬制定的程序，在报酬制定过程中不存在自我交易行为，报酬的制定应获得无利害关系人的同意。③信息的公开披露。高管激励报酬作为企业合约的一部分，具有经济后果。管理者利用报酬计划和公司控制权力“寻租”，当“寻租”行为暴露或者在控制权转移时会产生对管理者不利的后果②。因此，为了避免或最小化外部人识别“寻租”行为和程序不公正性，管理者有足够动机去隐藏和合法化甚至伪装“寻租行为”（Bebchuk and Fried,

① 黄福宁．上市公司经理人员薪酬的法律规制［D］．中国政法大学博士论文，2005.

② Himmelberg and Hubbard（2000）称之为“愤怒成本”。

2003)。信息公开披露有利于提高公司透明度，降低资本市场信息风险，提升企业市场价值。公开披露企业主要人力资本，即公司高管相关人力资源信息有利于投资者辨识财务资本和人力资本在企业价值创造过程中各自的作用，而财务资本与人力资本对剩余索取权的博弈结果，即剩余权的分配方式或激励的模式和程度应是整个人力资源会计披露的关键（仇健，2005)。从目前世界各国关于高管薪酬信息披露的内容来看，主要包括报酬制定的过程、报酬设计标准、利害关系人状况、报酬金额和形式、高管提供的服务等。

(3) 尽快出台薪酬审计相关审计准则或指南，为审计提供规范

目前，我国在上市公司薪酬方面的审计规范比较少或零散，如2006 年颁布的审计准则《审计准则第 1141 号——财务报表审计中对舞弊的考虑》中提及对管理层利用舞弊以牟取报酬的识别，而《审计准则第 1142 号——对法律法规的考虑》、《审计准则第 1323 号——关联方》都没有对管理者薪酬审计进行规范，因此，尽快出台有关薪酬审计的准则或指南，对规范薪酬审计、明确审计责任、维护审计师正当利益具有重要意义。薪酬审计除了就一般的财务报表项目的审计进行规范外，还应对审计师就激励报酬的制定与公司治理层、管理层的沟通，激励报酬制定中遵循法律法规的考虑，公司内部控制利益导向的衡量，利用专家的工作，管理层就激励报酬的声明等方面进行规范。

(4) 进一步完善审计市场信誉机制、行业自律以及相关监管措施，保证高质量的审计

本书的研究认为高质量的审计是保证激励合约与审计合约博弈效率优化的重要条件，高管出于牟取高额报酬的目的存在通过支付超额审计费用来收买审计意见的动机，审计师也是经济利益人，在一定的环境下可能作出与高管合谋的举动。因此，要强化对审计合约的治理，如进一步加强审计市场的信誉机制建设、行业自律以及

相关监管措施，强化审计师的风险责任意识，衡量审计成本与收益，规范审计收费标准，保证高质量的审计；同时，要改善审计执业的外部环境，避免影响审计独立性的外生因素，是促进高管报酬激励效应、发挥薪酬审计作用的重要措施。

7.3 研究局限及未来研究方向

本书的研究局限如下：

（1）本书在讨论高管激励报酬时，仅限于高管现金报酬，没有考虑持股等其他激励方式与其之间的相互影响，正如 Cheung et al.（2005）的研究结果认为，香港公司经理现金报酬与其持有股份显著正相关，说明高管持股对现金报酬安排有影响。

（2）对激励报酬可能产生的代理冲突的具体类型，本书只对盈余管理进行了检验，对通过舞弊、过度自由现金流、不良投资等方式产生的代理冲突行为没有检验。在本书附录中，虽然就高质量审计对激励报酬程序公正性的监督进行了初步检验，但变量设计尚待完善，如对于高管权力能否衡量高管激励报酬制定的程序公正性需进一步考量。

（3）对于激励报酬制定中高管权力的衡量可能存在片面或不合理之处，还有一些变量本书没有考虑，如公司薪酬委员会、高管在位年限、身份等，都影响高管在激励报酬中的权力、偏好。

（4）本书在实证检验时，尽管以高管激励报酬与公司规模的比值以及哑变量进行了稳健性检验，但由于高管激励报酬的影响因素较复杂，没有完全控制高管激励报酬变量的内生性问题。另外，年度前三名高管报酬总额中包含固定薪酬部分，这部分薪酬是没有激励效应的，尽管以高管激励报酬与公司规模的比值进行稳健性检验可减少固定薪酬部分的影响，但在一定程度上还是影响了研究的严谨性。

（5）随着我国上市公司公司治理改革的不断深化，高管激励数量和方式不断增多，在样本选取上没有检验股权分置改革后的数据，一定程度上影响了研究结论。

后续研究可在以下几方面进一步探索：

（1）综合考虑持股与现金报酬，并控制内生性问题，考虑股权分置改革后的数据，检验审计与激励报酬的关系。

（2）对审计在高管通过舞弊、自由现金流、投资项目等方式牟取高额报酬的行为中的约束作用进行检验。

（3）综合考虑高管在报酬制定中的权力因素，更能体现高管权力的影响。

（4）结合本书研究，对高管薪酬审计相关问题和激励机制的设计展开研究。

附录：审计质量与高管激励报酬的程序公正性[①]

A.1 引　言

国内外许多研究和实践都发现高额的高管激励报酬并不意味企业绩效的提升，“天价薪酬”、“穷庙富方丈”、“公司小赚、老总大赚”的现象时有发生。如 2004 年度我国上市公司高管身价排行榜上，位居第一的科龙电器高管年薪高达 450 万元，比 2002 年的 200 万元翻了一番，而同期其利润亏损 6 000 多万元[②]。高管因高额报酬受到起诉并要求退回奖金的例子很早就有，如 1931 年美国烟草公司小股东起诉要求法院判决经理人员退回巨额奖金（黄福宁，2005）。特别是 2008 年金融危机以来，上市公司高管的高额薪酬受到世界各国的广泛关注，一些政府相继颁布高管薪酬“限薪令”，我国上市公司高管也纷纷抛出领取“一元”年薪的承诺。按照激励理论，激励报酬越高，其产生的激励效应也越大，而且，现行制度下，各国公司高管激励报酬一般是由董事会

① 程序公正性问题是激励合约制定过程中的主要异化形式，也是当前上市公司高管激励报酬实施过程中存在的重要和热点问题，研究高质量审计需求与程序公正性的关系是个重要命题。但因本部分研究设计和变量设置尚需完善，为了保持本书正文的严谨性和主题的一致性，该部分实证检验内容作为附录而没有放在正文中，后续研究应在理论基础和研究设计方面进一步深入和完善。

② 刘剑．科龙电器被证监会调查 高管薪酬最高业绩大亏损［N］．沈阳今报，2005-05-11.

授权决定或经过股东大会批准，因此，高管的高额薪酬应是无可厚非的，给高管“限薪”似乎是有违市场原则。问题是董事会等公司激励报酬决策机构是否能遵循公平、公正原则，真正代表股东或其他利益相关者的利益制定合理的激励报酬？如果董事会等公司激励报酬决策机构丧失公正性，为高管牟取高额激励报酬提供机会，显然增加了股东或其他利益相关者与管理者之间的代理冲突①，扭曲高管激励机制，降低高管激励的效果，高管激励本身成为代理成本的一部分。

作为公司外部监督和担保机制，高质量审计可以缓解企业代理问题（Jensen and Meckling，1976；Watts and Zimmerman，1983）。在内部人控制现象严重、证券市场法律环境不够完善的情况下，高质量审计在我国上市公司治理中扮演重要角色（Fan and Wong，2005），能否对因程序不公正而产生的高管高额激励报酬进行约束？本部分的贡献在于：从高管激励报酬制定程序公正和结果公正的辩证关系出发，检验高管权力对激励报酬-业绩敏感性的影响，以及高质量审计对高管激励报酬制定程序公正性的监督和约束作用。研究结果表明，在高管权力增大时，不管是现金年薪，还是非货币性报酬，对业绩的敏感性均有可能显著增大，体现了报酬制定程序的不公正性，但高质量审计对现金年薪敏感性增大的程序不公正性的缓解作用不显著，而对非货币性报酬敏感性增大的程序不公正性的缓解作用显著。后文的安排如下：第二部分是理论分析与研究假设，对高管激励报酬制定程序公正性、高管权力、审计质量与高管激励报酬-业绩敏感性之间的逻辑关系进行剖析，在此基础上提出研究假设；第三部分是研究方法与研究设计；第四部分是实证结果与分析；第五部分是研究结论。

① 当然，高额报酬也可能是控股股东与中小股东之间代理冲突的表现，此时高管代表的是控股股东的利益，高额报酬只是控股股东侵占中小股东利益的一种手段（Cheung et al.，2005）。

A.2 理论分析与研究假设

A.2.1 程序公正与高管报酬的制定

社会公众和股东对上市公司高管“天价薪酬”的不满，主要表现在他们认为薪酬的数额偏离了可接受的标准，其实质就是怀疑“天价薪酬”的公平性，但谁也无法说清楚高管的薪酬数额到底应该是多少。实际上，高管作为企业稀缺的人力资源，其激励报酬是企业剩余索取权的分配，是高管和股东讨价还价的结果，只不过股东把就薪酬与高管讨价还价的权力委托给董事会行使。董事会通过聘用薪酬专家或薪酬委员会制定高管的报酬，这种薪酬制定过程是受世界各国公司法等法律保护的，也就是说，只要高管激励报酬的制定程序符合法律规定，高管无论拿多少报酬都是合法的。因此，当股东们对高管“天价薪酬”产生不满时，看到的只是薪酬合同的结果，而对于薪酬结果是否公正公平，是个“仁者见仁，智者见智”的问题。究其原因，人力资本的异质性和其载体的不可分割性，决定了其市场定价的模糊性和困难性，不像其他实物资本能够实时交易并能明确定价。

按照公平理论的划分标准，公平可以分为结果（实体）公平和过程（程序）公平。西蒙教授认为，在不确定的环境下，人们由于无法准确地认识和预测未来，从而无法按照结果理性的方式采取行动，只能依靠某一理性的程序来减少不确定性。既然无法对公司高管激励报酬合约的结果，即高管激励报酬的具体数额的公平性进行评判①，我们可以通过对报酬制定程序

① 如果经理人市场足够发达和有效，能够对经理人报酬及时、准确定价，则不存在这个问题。事实上，目前的证券资本市场尚且不能达到充分有效，人力资本市场更不可能达到这种理想状况。

的公正性进行评判来判定高管激励报酬的合理性，只要程序公正，其结果也就公正。结果与程序是相对应而存在的概念，结果一般是指关于事物的性质、属性等层面的规定性，即质的规定性，程序是指关于事物的外在特征属性层面的规定性，即量的规定性，二者是质与量的关系。在人是有限理性的前提下，我们应当侧重程序理性，加强对行为过程的考核控制，只要程序合理、过程规范，结果理性自是程序理性的必然结果，而不应刻意追求结果理性、倒置本末（阎达五和李勇，2002）。因此，在人力资本市场高度无法预测的情况下，为保证高管激励报酬数额和形式的合理、科学、正当性，按照程序公正和理性的原则履行高管激励报酬的制定是次优的策略。

A.2.2 高管权力与报酬-业绩敏感性

报酬-业绩敏感性是指高管激励报酬与公司业绩联系的紧密程度，反映了高管在为股东创造财富的同时，能从股东财富的增量中获取多少比例的回报（Jensen and Murphy，1990）。保持其他条件相同的情况下①，报酬-业绩敏感性越大，意味着高管从剩余收益中获得的比例越高，而相对于股东来说，意味着高管的高薪和不公平。

公司通常会制定一个与公司业绩相关的报酬计划，用线性方程表示如下：

$$S=k_0+k_1Y \tag{A-1}$$

式（A-1）中把高管激励报酬分为固定部分和变动部分，S是高管总报酬，k_0 是固定报酬，Y是业绩，k_1 是报酬-业绩敏感系数。敏感系数 k_1 是报酬契约双方博弈的结果，反映了高管的

① 即假定企业经营环境稳定、经营者努力程度一致，报酬的制定是个谈判的过程，报酬-业绩敏感性的改变完全是谈判双方讨价还价的能力造成的。

风险偏好、高管在报酬契约制定过程中的讨价还价能力、经理人市场报酬指数。敏感系数 k_1 越大，高管激励报酬对业绩的敏感性和受业绩变动的影响越大，风险报酬也越大，此时制定一个有较高敏感性的报酬安排可能会激励高管努力工作，但同时股东可能会因此支付较高的激励成本。在最优契约观下①，高管的行动和经营状况能够被观察，受托进行决策控制的董事会能真正代表全体股东利益对公司进行控制，并与高管（经理层）就报酬安排达成最有利于股东的合约，敏感系数 k_1 的决定也完全是有利于股东价值最大化的。而现实中，信息不对称的问题总是存在，高管的行动和经营状况不可能被完全观察，高管可以利用信息不对称而采取提供合适业绩报告等有利于自身的行为获取报酬，此时的报酬契约可能是次优契约。当高管享有公司较多控制权力，在报酬契约安排中的话语权增大时，程序公正性进一步丧失，董事会与经理层的讨价还价能力、市场限制力量以及股东的直接裁定或诉诸法律都不可能达到最优于全体股东的激励契约安排（Bebchuk et al.，2002），高管可以利用手中权力应付不利于自身的敏感系数，即在业绩较好时提高敏感系数 k_1，或在业绩不好时降低敏感系数 k_1、增加固定报酬 k_0 部分，甚至使报酬和业绩不相关，或直接提供虚假业绩报告，获取超过正常情况的报酬，达到权力的“寻租”，使激励报酬结果丧失公正性。据此，对于业绩较好的公司，提出假设 A-1：

假设 A-1：其他条件相同的情况下，高管权力与报酬-业绩敏感性正相关。

A.2.3 高质量审计与程序公正性

高管激励报酬制定程序不公正时，报酬制定程序会偏向于高管

① 最优契约的形成是一个完全理性的过程，结果和程序都具公正性。

利益，出现高管激励报酬-业绩敏感性的扭曲，产生结果的不公正性。高管激励报酬-业绩敏感性的扭曲不仅意味着高管权力“寻租”的实现，更意味着公司激励机制的失效，公司未来业绩可能会恶化，股东价值面临丧失，严重损害了证券市场正常的资源配置效率。Himmelberg 和 Hubbard（2000）认为经理人在报酬安排中的权力“寻租”行为最终要受到“愤怒成本”的限制，这种愤怒会通过经理人的职业声誉、机构投资者的不满、工会的抗议等途径进行传递，来制约经理人报酬增加的行为。问题是上述愤怒传递途径即使存在，还存在权力“寻租”行为或程序不公正信息的披露问题。外部审计作为上市公司的监督力量，在我国公司治理中发挥着越来越重要的作用（周中胜和陈汉文，2006；岳衡，2006）。英国历史上存在股东对利润“过度分配”而导致外部审计的强化①（刘燕，2005），那么高质量审计对程序不公正而提高报酬-业绩敏感性的机会主义行为能关注吗?

现行外部审计主要是对上市公司的财务报表进行审计，以鉴证财务报告的公允性、合法性。程序不公正导致高管激励报酬的不公正，显然不利于公司资源的有效配置，在此基础上编制的财务报告缺乏公允性，失去指导投资者进行有效决策的作用，因此对高管激励报酬的公正性的识别与鉴证应是审计目标之一。现行审计的主要特点包括以评价客户内部控制风险为基础和以会计准则为依据，正如上文所指出，尽管审计师不直接参与高管激励的制定过程，不可能准确定价高管激励报酬，但这两个特点决定了外部审计在高管激励报酬的程序不公正和权力“寻租”的监督过程中有一定作为。首先，审计师审计时需要了解、评估内部控制

① 1878 年在伦敦金融圈有“特别明星”之称的格拉斯哥银行倒闭，成为当时轰动一时的事件。调查发现，在倒闭前的几年中，该银行为维持所谓的声誉，高估资产而低估负债，同时在无红利可供分配的情形下依然继续发放股息，导致公司资产枯竭。此事件暴露出金融机构的特殊风险以及自愿审计制度的缺陷，促使英国议会在 1879 年修改《公司法》，要求银行、保险公司必须进行审计。

风险，而高管激励报酬制定程序就属于内部控制程序的一部分。内部控制是由董事会、管理当局和其他员工实施的，为保证财务报告的可靠性、经营的有效性以及遵循现行法规等，达成所设定企业目标而提供合理保证的政策和实施程序。内部控制尽管是基于企业内部管理，但其最终目标是实现企业价值的最大化，维护股东及利益相关者权益的公正实现。程序不公正和高管权力的“寻租”行为是以内部控制管理者自利为导向，损害了股东及利益相关者权益，因此，高质量审计对程序不公正和高管权力较大时的内部控制风险评估为高水平，并能在审计报告中或管理建议书中合理地表现出来。其次，现行会计准则或上市公司年报披露规范都要求对高管激励报酬进行披露，如在关联交易准则中规定披露高管激励报酬的支付数额、支付方式，在年报披露规范中规定披露高管激励报酬的决策程序、数额、形式等。审计师对此也应予以关注，高质量审计有利于提高公司会计信息的透明度（王艳艳和陈汉文，2006），对披露不规范的上市公司应该出具合理审计意见或要求调整。审计质量越高，有关高管激励报酬的信息披露越充分、透明，越有利于程序公正性的提高。因此，可以预期，在外部高质量审计的压力下，出于对自身未来报酬和利益的考虑，高管可能减少程序的不公正性和权力的报酬“寻租”行为①。因此，以下提出假设 A-2：

假设 A-2：其他条件相同的情况下，高质量审计有利于减弱高管激励报酬制定程序的不公正性。

① 实际上正如本书第 3 章论述，英国公司法对外部审计早就有保护公司财产不受利益相关人侵蚀方面的规定，历史上存在有关股东“过度分配”而导致外部审计的强化（刘燕，2005）。20 世纪 90 年代全国各地在试点年薪制时建立风险抵押制度，规定企业家上岗时，不仅需要“以基本年薪两倍的数额缴纳风险抵押金”，而且要“在经营责任期满或工作变动时经审计终结确认经营状况属实后返还”（侯清麟，2004）。

A.3 研究方法与研究设计

A.3.1 研究方法和主要变量的设定

(1) 报酬-业绩敏感性的衡量

对于高管激励报酬-业绩敏感性的研究，国内外主要有三种方法：第一，计算高管激励报酬变化百分比与业绩变化百分比的比值 (dS/S) / (dY/Y)，如 Murphy (1985)、陈震和张鸣 (2008)；第二，计算高管激励报酬变化与业绩变化的比值 ΔS/ΔY，如 Jensen and Murphy (1990)、肖继辉 (2005)；第三，计算高管激励报酬变化百分比与业绩变化的比值 (dS/S) / dY，如 Goldberg and Idson (1995)、张必武和石金涛 (2005) 等。本书需要考察高质量审计、高管权力、报酬-业绩敏感性三个变量的相关性，选择第一种方法作为报酬-业绩敏感性的衡量。

在我国上市公司中有一个特殊现象，就是高管在职消费较普遍 (陈冬华、陈信元和万华林，2005)，李增泉等人 (2005) 认为隐性激励和货币性报酬等显性激励可相互替代，高管权力的“寻租”导致的程序不公正，既有可能是通过增加货币现金报酬，也有可能是通过增加在职消费等非货币性报酬。非货币性报酬属于隐性激励，故本书还研究了非货币性报酬的业绩敏感性。非货币性报酬主要指在职消费等，国内研究非货币性报酬的较少，一般以管理费用、营业费用或现金流量表中支付其他经营性现金流量作为非货币性报酬或在职消费的替代 (陈冬华、陈信元和万华林，2005；卢锐，2005)。本书以管理费用 ($MFEE_{it}$) 替代非货币性报酬，分别以高管年度现金报酬 (LnS_{it})、年度现金报酬与管理费用之和 ($LnTSM_{it}$) 两类高管激励报酬变量作为因变量建立两个模型对业绩变量进行回归。

（2）高质量审计的衡量

同本书第4章，采用国际“四大”或国内“十大”作为高质量审计的替代，原因有两点：第一，在第4章本书采用国际“四大”或国内“十大”作为高质量审计的替代，发现高管激励报酬与高质量审计需求正相关，并以“代理冲突”观解释对高质量审计的需求。仍采用国际“四大”或国内“十大”作为高质量审计的替代，可以对第4章结论作一检验，判断高质量审计的效应。第二，上文理论分析表明，高管激励报酬制定程序的公正性反映了公司内部控制的完善性，而国际“四大”或国内“十大”对公司内部控制的风险评估的专业能力要强，更可能发现报酬制定过程中的程序不公问题，并能降低高管“寻租”行为。国内“十大”的选取同本书第4章。

（3）业绩指标的选择

对于业绩的衡量，本书将分别从财务指标和非财务指标两方面进行衡量，选取财务指标包括总资产收益率（ROA），非财务指标包括销售收入（SALE）。总资产收益率是综合性盈利能力指标，相对于净资产收益率不易被操纵，不受净资产为负的样本影响。李增泉等人（2005）认为当前我国上市公司在政府干预下，经理人任务目标多项化、企业盈余管理程度严重、大股东利益被侵占，导致企业财务业绩含有较多噪音而无法衡量经理人的努力程度，股东将抛弃将经理薪酬与财务业绩挂钩的契约机制，转而采用非财务指标或隐性激励方式。实际上单纯的财务指标在非理想状态下对企业经营业绩的反映是滞后的，一些非财务指标往往被作为公司高管业绩的衡量指标之一（Bushman and Indjejikian，1993）。有研究发现公司高管激励报酬和销售收入之间存在正相关关系（肖继辉和彭文平，2002），因此本书把销售业绩作为高管业绩考察变量。

（4）程序公正性的衡量

高管权力的大小代表高管在激励报酬制定过程中讨价还价的

地位，高管在报酬制定过程中掌握较多权力时，程序倾向于不公正，有利于高管本身，并扭曲报酬-业绩敏感性。本书将考察高管权力对报酬-业绩敏感性的影响，如果高管权力增大时，报酬-业绩敏感性也增大，则认为激励报酬制定缺乏公正性。高管权力指标从上市公司实际控制人性质、股权集中度、股权制衡度、董事会中独立董事比例、两职兼任等五个方面来衡量，具体可见本书第5章。

A. 3. 2　样本选取和数据来源

选取2002—2005年深、沪两市A股上市公司为样本，并按下列顺序筛选样本：①剔除金融类上市公司。②剔除当年上市的公司。③剔除会计收益小于或等于0的公司。与业绩较好的公司相比，业绩较差的公司高管权力对报酬-业绩敏感性的影响比较特殊、更复杂（卢锐，2008）。④剔除2005年开始实施股权分置改革的公司。⑤剔除部分数据不全的公司。

经过上述筛选，最终确定3 473个公司年观测值，数据取自深圳国泰安公司与香港理工大学联合开发的CSMAR数据库以及北京色诺芬公司与北京大学中国经济研究中心联合开发的CCER数据库。

A. 3. 3　模型设定与变量含义

根据Murphy（1985）和陈震、张鸣（2008）的研究，结合前文理论分析，构建以下模型对假设进行检验：

$$LnS_{it} = \alpha_0 + \alpha_1 LnSIZE_{it} + \alpha_2 GROW_{it} + \alpha_3 LnY_{it} + \alpha_4 POWER_{it} * LnY_{it} + \alpha_5 AUDITOR_{it} * POWER_{it} * LnY_{it} + fixed\ effect + \varphi_{it} \quad (A-2)$$

$$LnTSM_{it} = \beta_0 + \beta_1 LnSIZE_{it} + \beta_2 GROW_{it} + \beta_3 LnY_{it} + \beta_4 POWER_{it} * LnY_{it} + \beta_5 AUDITOR_{it} * POWER_{it} * LnY_{it} + fixed\ effect + \phi_{it} \quad (A-3)$$

模型（A-2）和模型（A-3）中的二项交叉项分别检验高管权

力变量对现金激励报酬（LnS_{it}）、现金激励和非货币性报酬之和（$LnTSM_{it}$）的业绩敏感性的影响。如果高管权力增大时，报酬-业绩敏感性也增大，则认为程序缺乏公正性。三项交叉项用来检验高质量审计对程序不公正的减弱作用。其中、α_0、β_0 为常数项，$\alpha_1 \sim \alpha_5$、$\beta_1 \sim \beta_5$ 为回归系数，φ_{it}、ϕ_{it}为残差项，其余各变量含义如下：

（1）因变量

LnS_{it}表示 t 时期 i 上市公司高管货币报酬总额（以年度前三名高管激励报酬总额计算）的自然对数。

$LnTSM_{it}$表示 t 时期 i 上市公司高管货币报酬与非货币报酬（以年度前三名高管激励报酬总额与年度管理费用之和计算）的自然对数。

（2）控制变量

$LnSIZE_{it}$表示 t 时期 i 上市公司年度末总资产的自然对数，用以控制公司规模对高管激励报酬的影响。规模大的公司经营越复杂，对高管能力要求越高，高管激励报酬要求越高。

$GROW_{it}$表示 t 时期 i 上市公司的成长性，以上市公司销售收入增长率来衡量。成长性高的公司面临着更大的经营风险和盈利能力，高管要求的激励报酬更高。

fixed effec 用来控制年度、行业和地区对回归的影响。为保证回归过程中足够的自由度，行业分类采用武立东和王建（2008）的方法，以证监会 2001 年颁布的《上市公司行业分类指引》为基础，扣除金融类公司，将所有样本公司分为 6 类，即制造业、综合类、信息技术业、房地产及建筑业、批发零售业、其他行业。其他行业包括传播文化业，电力、煤气及水的生产与供应业，交通运输和仓储业，农林牧渔业，社会服务业等。地区分类主要参考了李增泉（2000）、卢锐（2008）、王培欣等人（2006）的研究，采用五分类法，把所有样本按注册地分为五类：第 1 类公司注册地属于上海、北京、天津、广东、浙江；第 2 类公司注册地属于福建、江苏、山东、辽宁；第 3 类公司注册地属于黑龙江、吉林、新疆、海南、湖北、河北；第 4 类公司注册地属于安徽、四川、广西、重庆、湖南、江西、内蒙古、河南、山西、云南、西藏；第 5 类公司注册地为上述以外地区。为简便起见，在实证结果部分未列出年度、行业和地区变量的回归系数及显著性。

（3）解释变量

LnY_{it}表示 t 时期 i 上市公司业绩指标的自然对数，本书分别用上市公司总资产收益率（ROA_{it}）、销售收入（$SALE_{it}$）来衡量业绩。

$POWER_{it} * LnY_{it}$为高管权力与公司业绩指标的交叉项，表示高管权力对激励报酬-业绩敏感性的影响，并根据敏感性的变化来判断程序的公正性，如果高管权力增大时，报酬-业绩敏感性也增大，则认为激励报酬制定缺乏公正性。其中 $POWER_{it}$表示高管权力变量，本书分别用上市公司实际控制人性质（$IDOW_{it}$）、第一大股东持股比例（$TOP1_{it}$）、第一大股东至第五大股东持股比例的平方和（$HERF5_{it}$）、董事会中独立董事比例（IND_{it}）、董事长与总经理两职是否兼任（DUA_{it}）来衡量程序公正性或高管权力。当实际控制人为政府时，$IDOW_{it}=1$，否则 $IDOW_{it}=0$；第一大股东持股比例（$TOP1_{it}$）越大，上市公司股权集中度越高；第一大股东至第五大股东持股比例的平方和（$HERF5_{it}$）越大，股权制衡度越差；当董事长与总经理两职兼任时，$DUA_{it}=1$，否则 $DUA_{it}=0$。

$AUDITOR_{it} * POWER_{it} * LnY_{it}$表示审计质量、高管权力与公司业绩指标的交叉项，表示外部审计对程序公正性的影响。其中 $AUDITOR_{it}$表示 t 时期 i 上市公司是否聘用国际“四大”或国内“十大”的概率，为了控制审计师选择的内生性或自选择性，采用 Fan and Wong（2005）的方法，以上市公司聘用国际

“四大”或国内“十大”的概率进行回归，具体计算方法见 A.4.2 部分。

A.4 实证结果与分析

A.4.1 描述性统计与单变量分析

表 A-1 是主要变量描述性统计结果。前三名高管激励报酬均值为 47.85 万元，超过一半的公司报酬低于平均值，最低的仅为 1.98 万元，最高的为 512.12 万元，最高与最低相差将近 260 倍。以管理费用为衡量标准的在职消费最低的为 96.91 万元，最高的为 25 727.44 万元，最高与最低相差 265 倍，与现金报酬差距相似，但在职消费的均值远大于现金报酬的平均值，两者的比值为 0.0052：1，说明我国上市公司间高管激励报酬差异悬殊，同时高管的在职消费等隐性收入比例较大①。成长指标（$GROW_{it}$）均值为 0.5145，中位数为 0.186，最大的达 400.68，最小的是负数，说明大多数公司都保持一定的增长率。财务业绩指标的中位数都远低于平均值，说明多数上市公司财务业绩较差。$IDOW_{it}$ 均值为 0.802，实际控制人为政府的样本公司达 80%。第一大股东持股比例均值为 43.75%，一半以上的样本公司的第一大股东持股比例低于 43%。$HERF5_{it}$ 的均值为 0.248，如果按平均持股计算，第二到第五大股东各持股比例将近 12%，虽然远低于第一大股东平均持股比例 43.75%，但第二到第五大股东持股比例之和能有效地与第一大股东抗衡，能形成大股东之间对公司控制权进行争夺的市场，对高管的代理冲突行为形成一定程度的制衡。

① 用管理费用来衡量公司整个管理层的在职消费，而高管激励报酬是年度最高前三名之和。

表 A-1　　**主要变量描述性统计**

变量名称	样本量	最小值	最大值	平均值	中位数
S_{it}	3 473	1.98	512.12	47.85	36.12
$MFEE_{it}$	3 473	96.91	25 727.44	9 263.33	5 456.86
$LnSIZE_{it}$	3 473	17.89	24.89	21.1756	21.110
$GROW_{it}$	3 473	-0.97	400.68	0.5145	0.186
ROA_{it}	3 473	0.0003	0.51	0.0359	0.027
$LnSALE_{it}$	3 473	12.79	24.92	20.4607	20.432
$IDOW_{it}$	3 473	0.00	1.00	0.802	1.00
$TOP1_{it}$	3 473	0.03	0.85	0.4375	0.429
$HERF5_{it}$	3 473	0.00366	0.77	0.248	0.216
IND_{it}	3 473	0.00	0.67	0.3114	0.333
DUA_{it}	3 473	0.00	1.00	0.1023	0.00
$AUDITOR_{it}$（国际四大）	3 473	0.00	1.00	0.0494	0.00
$AUDITOR_{it}$（国内十大）	3 473	0.00	1.00	0.2060	0.00

注：S_{it}表示样本公司年度前三名高管报酬总额，单位为元。$MFEE_{it}$表示非货币性报酬，以管理费用替代，单位为万元。

表 A-2 是主要变量间的两两相关系数，根据该表可以对自变量之间的多重共线性进行初步判断，也可以对因变量与各解释变量之间进行简单的单变量分析。从表 A-2 可以看出，各自变量之间的相关系数均不超过 0.8，可以认为各自变量之间不存在较严重的多重共线性。两类报酬 LnS_{it}、$LnTSM_{it}$与业绩指标变量均显著正相关，与总资产相关性均显著，其中 $LnTSM_{it}$与总资产相关系数达 0.7 以上；因变量 LnS_{it}、$LnTSM_{it}$与企业成长性指标（$GROW_{it}$）相关性均不显著，且相关系数很小；政府控制、独立董事比例、聘用国际“四大”与两类报酬 LnS_{it}、$LnTSM_{it}$均显著正相关；第一大股东持股比例与 LnS_{it}相关性为负向，但不显著，而与 $LnTSM_{it}$显著正相关；第二至第五大股东持股比例对两类高管激励报酬都没有影响（Pearson 系数不显著）；两职兼任能显著提高现金报酬（LnS_{it}），而对 $LnTSM_{it}$影响不显著。

表 A-2 **主要变量两两相关系数**

	LnS_{it}	$LnTSM_{it}$	$LnROA_{it}$	$LnSALE_{it}$	$LnSIZE_{it}$	$GROW_{it}$	$IDOW_{it}$	$TOP1_{it}$	$HERF5_{it}$	IND_{it}	DUA_{it}	$AUDITOR_{it}$
LnS_{it}	1	0.375**	0.252**	0.332**	0.287**	0.083**	0.052**	-0.022	0.095**	0.136**	0.041*	0.130**
$LnTSM_{it}$	0.374**	1	0.125**	0.774**	0.717**	0.087**	0.215**	0.191**	-0.136**	0.088**	-0.013	0.153**
$LnROA_{it}$	0.240**	0.135**	1	0.179**	0.072**	0.240**	0.045*	0.172**	0.033	0.016	-0.021	0.096**
$LnSALE_{it}$	0.330**	0.773**	0.196**	1	0.787**	0.202**	0.188**	0.222**	-0.123**	0.100**	-0.021	0.154**
$LnSIZE_{it}$	0.288**	0.727**	0.080**	0.798**	1	0.110**	0.158**	0.214**	-0.154**	0.064**	-0.023	0.142**
$GROW_{it}$	0.012	-0.017	0.023	0.011	0.005	1	-0.018	0.045*	0.040*	0.047*	-0.017	-0.024
$IDOW_{it}$	0.039*	0.221**	0.039*	0.205**	0.169**	-0.052**	1	0.272**	-0.231**	-0.087**	-0.076**	0.036
$TOP1_{it}$	-0.026	0.203**	0.159**	0.236**	0.233**	-0.021	0.272**	1	-0.599**	-0.001	-0.064**	0.049**
$HERF5_{it}$	0.015	0.005	-0.016	0.010	0.016	0.000	-0.009	0.015	1	0.040*	0.006	-0.006
IND_{it}	0.138**	0.083**	0.016	0.099**	0.069**	0.012	-0.087**	-0.001	-0.013	1	-0.012	0.005
DUA_{it}	0.044*	-0.017	-0.025	-0.028	-0.027	-0.009	-0.076**	-0.064**	0.006	-0.012	1	-0.050**
$AUDITOR_{it}$	0.132**	0.168**	0.095**	0.161**	0.162**	-0.008	0.036	0.049**	0.004	0.005	-0.050**	1

注：**、* 分别表示在 1%、5% 水平上显著（双尾）。左下方为 Pearson 相关系数，右上方为 Spearman 相关系数。

A. 4. 2 多元回归分析

高质量审计进入回归仍然采用本书第 4 章的方法，考虑审计师选择的内生性或自选择性，上市公司聘用高质量审计的概率通过模型（4-1）的回归结果计算。表 A-3 至表 A-6 分别是以国际“四大”作为高质量审计的替代、不同业绩指标变量下模型（A-2）和模型（A-3）的多元回归结果，所有回归都控制了年度、行业和地区的影响，模型整体拟合效果较好，在 1% 水平上显著。为了控制全部变量同时纳入模型回归产生多重共线性，影响模型回归效果，各表第 1 列列示了不纳入高管权力变量的回归结果，第 2 列到第 6 列列示了依次纳入各高管权力变量的回归结果，第 7 列列示的是纳入全部高管权力变量的回归结果。

表 A-3 模型（A-2）回归结果
（以总资产收益率 ROA 为业绩指标）

	预期符号	1	2	3	4	5	6	7
Constant		8.209 ***	8.285 ***	7.936 ***	8.314 ***	8.376 ***	8.015 ***	7.868 ***
$LnSIZE_{it}$	+	0.253 ***	0.249 ***	0.268 ***	0.248 ***	0.244 ***	0.250 ***	0.263 ***
$GROW_{it}$	+	-3.06E-05	-1.71E-05	1.20E-05	-1.04E-05	1.63E-05	1.37E-05	-7.64E-05
$LnROA_{it}$	+	0.166 ***	0.162 ***	0.156 ***	0.170 ***	0.175 ***	0.166 ***	0.186 ***
$IDOW_{it} * LnROA_{it}$	?		-0.005					-0.021
$TOP1_{it} * LnROA_{it}$	?			0.0495 *				0.057 *
$HERF5_{it} * LnROA_{it}$	+				0.294 **			0.076 **
$IND_{it} * LnROA_{it}$	-					-0.018		-0.019
$DUA_{it} * LnROA_{it}$	+						0.028 **	0.028 **
$AUDITOR_{it} * IDOW_{it} * LnROA_{it}$	?		0.054					0.028
$AUDITOR_{it} * TOP1_{it} * LnROA_{it}$	?			-0.0854				-0.060
$AUDITOR_{it} * HERF5_{it} * LnROA_{it}$	-				-1.312			-0.821
$AUDITOR_{it} * IND_{it} * LnROA_{it}$	?					-0.0727		-0.040
$AUDITOR_{it} * DUA_{it} * LnROA_{it}$	-						-0.279	-0.256
Adjusted-R^2		0.16	0.17	0.18	0.17	0.17	0.17	0.19
F		94.18	74.79	78.96	72.66	73.38	72.14	43.26
P-value		0.000	0.000	0.000	0.000	0.000	0.000	0.000
D-W 值		1.909	1.901	1.901	1.913	1.910	1.905	1.890
样本量		3473	3473	3473	3473	3473	3473	3473

注：*、**、*** 分别表示在 10%、5%、1% 水平上显著。

表 A-4　　模型（A-3）回归结果

（以总资产收益率 ROA 为业绩指标）

	预期符号	1	2	3	4	5	6	7
Constant		1.22 ***	1.63 ***	1.40 ***	1.38 ***	1.31 ***	1.23 ***	1.68 ***
$LnSIZE_{it}$	+	0.803 ***	0.783 ***	0.795 ***	0.796 ***	0.799 ***	0.803 ***	0.780 ***
$GROW_{it}$	+	-0.003 *	-0.002	-0.003 *	-0.003 *	-0.003 *	-0.003 *	-0.002
$LnROA_{it}$	+	0.073 ***	0.119 ***	0.074 ***	0.069 ***	0.071 ***	0.073 ***	0.121 ***
$IDOW_{it} * LnROA_{it}$	?		-0.060					-0.062
$TOP1_{it} * LnROA_{it}$	?			0.008				0.003
$HERF5_{it} * LnROA_{it}$	+				-0.195			-0.143
$IND_{it} * LnROA_{it}$	-					0.002		0.004
$DUA_{it} * LnROA_{it}$	+						0.001	0.009
$AUDITOR_{it} * IDOW_{it} * LnROA_{it}$	?		-0.036					-0.002
$AUDITOR_{it} * TOP1_{it} * LnROA_{it}$	?			-0.055				-0.044
$AUDITOR_{it} * HERF5_{it} * LnROA_{it}$	-				-0.643			-0.138
$AUDITOR_{it} * IND_{it} * LnROA_{it}$	?					-0.051		-0.037
$AUDITOR_{it} * DUA_{it} * LnROA_{it}$	-						-0.361	-0.339
Adjusted-R^2		0.54	0.55	0.54	0.54	0.54	0.54	0.55
F		551.83	434.32	415.63	414.15	415.47	413.62	217.24
P-value		0.000	0.000	0.000	0.000	0.000	0.000	0.000
D-W 值		2.015	2.016	2.009	2.015	2.018	2.015	2.011
样本量		3 473	3 473	3 473	3 473	3 473	3 473	3 473

注：*、**、*** 分别表示在 10%、5%、1% 水平上显著。

表 A-5　　**模型（A-2）回归结果**
（以销售收入 SALE 作为业绩指标）

	预期符号	1	2	3	4	5	6	7
Constant		7.548 ***	7.610 ***	7.185 ***	7.647 ***	7.740 ***	7.511 ***	7.278 ***
$LnSIZE_{it}$	+	0.061 **	0.058 **	0.069 **	0.057 **	0.056 **	0.065 **	0.068 **
$GROW_{it}$	+	0.003	0.001	2.16E-05	0.003	0.003	0.003	0.002
$LnSALE_{it}$	+	0.185 ***	0.187 ***	0.198 ***	0.183 ***	0.178 ***	0.182 ***	0.188 ***
$IDOW_{it}*LnSALE_{it}$	?		0.002					0.002
$TOP1_{it}*LnSALE_{it}$	?			-0.010 ***				-0.010 ***
$HERF5_{it}*LnSALE_{it}$	+				-0.036			-0.006
$IND_{it}*LnSALE_{it}$	-					0.003		0.004
$DUA_{it}*LnSALE_{it}$	+						0.006 **	0.006 **
$AUDITOR_{it}*IDOW_{it}*LnSALE_{it}$	?		-0.008					-0.012
$AUDITOR_{it}*TOP1_{it}*LnSALE_{it}$	?			0.013				0.013
$AUDITOR_{it}*HERF5_{it}*LnSALE_{it}$	-				-0.188			-0.166
$AUDITOR_{it}*IND_{it}*LnSALE_{it}$	?					0.015		0.015
$AUDITOR_{it}*DUA_{it}*LnSALE_{it}$	-						-0.046	-0.030
Adjusted-R^2		0.143	0.144	0.157	0.148	0.149	0.147	0.164
F		80.24	61.12	67.14	62.68	51.60	62.55	35.91
P-value		0.000	0.000	0.000	0.000	0.000	0.000	0.000
D-W 值		1.936	1.940	1.935	1.846	1.946	1.940	1.943
样本量		3 473	3 473	3 473	3 473	3 473	3 473	3 473

注：*、**、*** 分别表示在 10%、5%、1% 水平上显著。

表 A-6　　**模型（A-3）回归结果**
（以销售收入 SALE 为业绩指标）

	预期符号	1	2	3	4	5	6	7
Constant		2.050 ***	2.330 ***	2.184 ***	2.155 ***	2.153 ***	2.004 ***	2.237 ***
$LnSIZE_{it}$	+	0.333 ***	0.330 ***	0.328 ***	0.327 ***	0.329 ***	0.334 ***	0.328 ***
$GROW_{it}$	+	-0.003 *	-0.002 *	-0.003 *	-0.003 *	-0.003 *	-0.003 *	-0.003 *
$LnSALE_{it}$	+	0.430 ***	0.413 ***	0.428 ***	0.432 ***	0.430 ***	0.427 ***	0.416 ***
$IDOW_{it} * LnSALE_{it}$	?		0.008 ***					0.009 ***
$TOP1_{it} * LnSALE_{it}$	?			-0.004 *				-0.002 *
$HERF5_{it} * LnSALE_{it}$	+				0.040 ***			0.039 ***
$IND_{it} * LnSALE_{it}$	-					-0.001		-0.001
$DUA_{it} * LnSALE_{it}$	+						-0.001	-0.001
$AUDITOR_{it} * IDOW_{it} * LnSALE_{it}$	?		-0.003 **					-0.010 **
$AUDITOR_{it} * TOP1_{it} * LnSALE_{it}$	?			0.007				0.011
$AUDITOR_{it} * HERF5_{it} * LnSALE_{it}$	-				-0.126 *			-0.093 *
$AUDITOR_{it} * IND_{it} * LnSALE_{it}$	?					0.008		0.007
$AUDITOR_{it} * DUA_{it} * LnSALE_{it}$	-						-0.044	-0.039
Adjusted-R^2		0.634	0.638	0.634	0.635	0.634	0.635	0.640
F		822.75	627.78	618.38	621.06	619.20	621.02	318.23
P-value		0.000	0.000	0.000	0.000	0.000	0.000	0.000
D-W 值		1.933	1.936	1.933	1.837	1.937	1.936	1.844
样本量		3 473	3 473	3 473	3 473	3 473	3 473	3 473

注：*、**、*** 分别表示在 10%、5%、1% 水平上显著。

为了更好地分析高管报酬-业绩敏感性和高质量审计对程序公正性的影响，表 A-7 对表 A-3 至表 A-6 中高管报酬-业绩敏感性及高质量审计对程序公正性的影响方向进行了汇总，表中带阴影和下划线的部分表示支持假设，以下就各高管权力变量的回归结果进行分析：

①实际控制人性质。由表 A-7 可以发现，以销售收入作为业绩指标，$LnTSM_{it}$的敏感性显著增大，非货币性报酬的计提通常和销售收入挂钩，表明在政府控制的公司，高管支配非货币性报酬的权力较大，敏感性增大，支持假设 A-1，程序公正性较差，高质量审计能显著降低 $LnTSM_{it}$的销售收入敏感性，显著性水平为 5%，同时支持假设 A-2。其余各敏感性均不显著，不支持假设。

②第一大股东持股比例。从表 A-7 中可以看出，TOP1 对敏感性的影响有不同的反应。以非财务指标衡量高管业绩时，两类报酬的业绩敏感性均显著下降，说明第一大股东持股越高时对高管的监督程度越严格，高管权力在报酬安排中寻租的可能性越小，支持假设 A-1，程序更加趋于公正。但以财务业绩指标衡量业绩时，两类报酬的业绩敏感性均增大，不过 $LnTSM_{it}$的敏感性不显著，这可能是因为在我国上市公司中，不仅存在管理者与股东之间的代理冲突，还存在严重的大股东与中小股东之间的代理冲突。大股东通过非法占用公司资金、让上市公司提供担保等方式进行利益输送，掏空上市公司（刘峰和贺建刚，2004；姜国华和岳衡，2005），造成公司财务业绩下降，此时上市公司的财务业绩不能反映高管的真实业绩，并造成高管激励报酬-业绩敏感性的提高。

③股权制衡度。从表 A-7 可以看出，LnS_{it}对财务业绩的敏感性系数、$LnTSM_{it}$对销售收入的敏感性系数分别在 5%、1% 水平上显著为正，支持假设 A-1，即股权制衡度越差，高管权力越大，程序越不公正；高质量审计能显著降低 $LnTSM_{it}$对销售收入的敏感性（在 10% 水平上显著），支持假设 A-2；其余敏感性的显著性均

不支持假设，其中高质量审计对 LnS_{it} 的财务业绩敏感性的增加具有减弱作用（方向为负），但不显著。

④独立董事在董事会中所占比例。表 A-7 显示，除 LnS_{it} 对财务业绩的敏感性系数、$LnTSM_{it}$ 对销售收入的敏感性系数为负，其余敏感性系数都为正，不过所有回归系数均不显著，不支持假设。高质量审计对敏感性影响的回归系数也不显著。上述证据表明，独立董事比例的提高不一定能有效监督经理人的机会主义行为，特别是以非财务指标为基础设计高管激励报酬时，独立董事比例高的公司高管激励报酬-业绩敏感性反而增加。这可能是因为现行独立董事的聘用权一般掌握在高级管理人员手中，独立董事比例越高意味着高管更有机会影响董事会的决策行为，进而影响报酬安排、审计师的聘用和审计师的监督效率。

⑤董事长和总经理两职合一。从表 A-7 可以看出，LnS_{it} 的两类业绩敏感性均显著增大，支持假设 A-1，说明两职合一的公司高管权力较大，激励报酬制定的程序趋于不公正；高质量审计对敏感性的影响为负，但不显著，不支持假设 A-2。其余敏感性回归系数均不显著，不支持假设。

表 A-7 程序公正性及高质量审计对程序公正性的影响汇总

高管权力的衡量	业绩指标	LnS_{it}		$LnTSM_{it}$	
		敏感性	高质量审计影响	敏感性	高质量审计影响
$IDOW_{it}$	$LnROA_{it}$	-	+	-	-
	$LnSALE_{it}$	+	-	+***	-**
$TOP1_{it}$	$LnROA_{it}$	+*	-	+	-
	$LnSALE_{it}$	-***	+	-*	+
$HERF5_{it}$	$LnROA_{it}$	+**	-	-	-
	$LnSALE_{it}$	-	-	+***	-*

续表

高管权力的衡量	业绩指标	LnS_{it}		$LnTSM_{it}$	
		敏感性	高质量审计影响	敏感性	高质量审计影响
IND_{it}	$LnROA_{it}$	-	-	+	+
	$LnSALE_{it}$	+	+	-	+
DUA_{it}	$LnROA_{it}$	+**	-	-	-
	$LnSALE_{it}$	+**	-	-	-

注：此表是表 A-3 至表 A-6 的汇总。$IDOW_{it}$、$TOP1_{it}$、$HERF5_{it}$、IND_{it}、DUA_{it}分别是实际控制人性质、第一大股东持股比例、第一大股东至第五大股东持股比例平方和、独立董事比例、两职兼任，代表上市公司高管激励制定的程序公正性度量。LnS_{it}、$LnTSM_{it}$分别表示高管现金激励、现金和非货币性激励之和。+、-表示高管激励报酬对业绩敏感性的变化方向，*、**、*** 分别表示在 10%、5%、1% 水平上显著，其中带阴影和下划线的表示支持假设。

A.4.3 稳健性检验

为了进一步验证假设，进行以下稳健性检验，因篇幅关系，稳健性检验具体数据没有列出。

（1）以国内“十大”作为高质量审计的替代，重新对模型（A-2）和模型（A-3）进行回归，结果与上述多元回归结果一致，不改变研究结论。

（2）在上文的回归中没有发现以销售收入增长率作为成长性的指标（$GROW_{it}$）与高管激励报酬显著相关，本书以上市公司市盈率作为公司成长性指标，重新回归的结果显示公司成长性与高管激励报酬均显著正相关，其余不改变研究结论。

A.5 小 结

上市公司高管激励报酬合约中的异化和代理冲突行为不仅表现

为高管在会计业绩方面的操纵、舞弊等，更严重的是高管凭借在公司中的控制权力，直接制定较高报酬数额，造成程序的不公正，扭曲公司资源的合理配置，使财务报告丧失公允、真实反映公司价值的作用，误导投资者的正确决策。由于人力资本定价的模糊性，难以对高管具体该拿多少报酬进行准确定价，这就给高管激励报酬的监管带来了困难。根据程序公正和结果公正的辩证关系，本书认为只要高管激励报酬制定程序是公正的，就能最大限度地保证报酬结果的公正性，高质量审计在保证高管激励报酬制定程序的公正方面有可能也有必要发挥其外部监督机制的作用。

以我国证券市场 2002—2005 年数据为样本，本书检验了高管权力对报酬-业绩敏感性的影响，并在此基础上检验了高质量审计对高管激励报酬制定程序不公正的缓解作用。结果发现，政府控制的公司，现金与非货币性激励之和对非财务业绩的敏感性显著增大，股权制衡度较差的公司，现金年薪对财务业绩的敏感性、现金与非货币激励之和对销售业绩的敏感性显著增大，两职兼任、现金年薪对两类业绩的敏感性均显著增大，显示上市公司高管激励报酬确实缺乏公正性；第一大股东持股比例越大，两类激励报酬对非财务业绩的敏感性越小，现金年薪对财务业绩的敏感性越大，表明第一大股东持股越大，对高管监督越强，激励程序越公正，但大股东本身也存在侵蚀公司利益的代理冲突行为，导致财务业绩下降；独立董事比例对激励-业绩敏感性的影响不显著。高质量审计对程序不公正造成的现金年薪敏感性的增大有缓解作用，但不显著；而对非货币性报酬对销售收入的敏感性能起到缓解作用。上述研究结果表明，高质量审计对我国上市公司高管现金年薪的公正性难以发挥监督作用，而对非货币性报酬的公正性能发挥其外部监督作用。

主要参考文献

[1] 蔡春，黄益建，赵莎．关于审计质量对盈余管理影响的实证研究——来自沪市制造业的经验证据［J］．审计研究，2005（2）：3-10.

[2] 陈朝龙．中国上市公司管理层激励的实证研究［J］．重庆大学学报：社会科学版，2002，8（5）：24-26.

[3] 陈国富．契约的演进与制度变迁［M］．北京：经济科学出版社，2002.

[4] 陈汉文，黄宗兰．审计独立性：一项理论研究［J］．审计研究，2001（4）：22-28.

[5] 陈杰平，苏锡嘉，吴溪．异常审计收费与不利审计结果的改善［J］．中国会计与财务研究，2005，7（4）：1-27.

[6] 陈靖．审计师选择的协同效应和范围经济假设［D］．厦门大学博士论文，2007.

[7] 陈志广．高级管理人员报酬的实证研究［J］．当代经济科学，2002（9）：58-70.

[8] 董普，田高良，严骞．非审计服务与审计质量关系的实证研究［J］．审计研究，2007（5）：42-49.

[9] 杜兴强，王丽华．高层管理当局薪酬与上市公司业绩相关性的实证研究［J］．会计研究，2007（1）：58-65.

[10] 方军雄，洪剑峭，李若山．我国上市公司审计质量影响因素研究：发现和启示［J］．审计研究，2004（6）：35-43.

[11] 高雷，宋顺林．高管报酬激励与企业绩效——来自中国上市公司的证据［J］．财经科学，2007（4）：96-104.

[12] 黄福宁．上市公司经理人员薪酬的法律规制［D］．中国

政法大学博士论文，2005.

［13］黄群慧．企业高层经理人员激励与约束机制问题［J］．经济管理，1999（1）．

［14］黄之俊．经营者股权激励与企业价值［D］．暨南大学博士论文，2006.

［15］姜虹．资本市场审计功效论［M］．北京：经济科学出版社，2006.

［16］雷光勇．证券市场审计合谋：识别与规制［M］．北京：中国经济出版社，2005.

［17］李东平，黄德华，王振林．“不清洁”审计意见、盈余管理与会计师事务所变更［J］．会计研究，2001（6）：51-57.

［18］李明辉．代理成本对审计师选择的影响——基于中国IPO公司的研究［J］．经济科学，2006（3）：73-83.

［19］李树华．审计独立性的提高与审计市场的背离［M］．上海：上海三联书店，2000.

［20］李爽，吴溪．审计师变更研究——中国证券市场的初步证据［M］．北京：中国财政经济出版社，2002.

［21］李仙，聂丽洁．我国上市公司IPO中审计质量与盈余管理实证研究［J］．审计研究，2006（6）：67-72.

［22］李延喜，包世泽，高锐，等．薪酬激励、董事会监管与上市公司盈余管理［J］．南开管理评论，2007，10（6）：55-61.

［23］李增泉．激励机制与企业绩效——一项基于上市公司的实证研究［J］．会计研究，2000（1）：24-30.

［24］李增泉，孙铮，刘凤委．企业绩效与薪酬契约——基于最优契约论的解释及经验证据［C］．中国与亚洲国家公司治理国际研讨会论文，2004.

［25］刘爱松．会计师事务所规模对审计质量的影响——基于中国法制环境的考察［D］．暨南大学博士论文，2008.

[26] 刘斌，刘星，李世新，等. CEO 薪酬与企业业绩互动效应的实证检验 [J]. 会计研究，2003 (3)：35-39.

[27] 刘峰，许菲. 风险导向型审计、法律风险、审计质量——兼论“五大”在我国审计市场的行为 [J]. 会计研究，2002 (2)：21-27.

[28] 刘峰，周福源. 国际四大意味着高质量审计吗——基于会计稳健性角度的检验 [J]. 会计研究，2007 (2)：79-87.

[29] 刘国亮，王加胜. 上市公司股权结构、激励制度及绩效的实证研究 [J]. 经济理论与经济管理，2000 (5)：40-45.

[30] 刘芍佳，孙霈，刘乃全. 终极产权论、股权结构及公司绩效 [J]. 经济研究，2003 (3)：51-62.

[31] 陆正飞，童盼. 审计意见、审计师变更与监管策略 [J]. 审计研究，2003 (3)：30-35.

[32] 卢锐. 管理层权力、薪酬激励与绩效——基于中国证券市场的理论与实证研究 [M]. 北京：经济科学出版社，2008.

[33] 宁家耀，王蕾. CEO 报酬、高管博弈与公司治理——一项实证比较研究 [J]. 贵州财经学院学报，2008 (2)：61-65.

[34] 平新乔，范瑛，郝朝艳. 中国国有企业代理成本的实证分析 [J]. 经济研究，2003 (11).

[35] 漆江娜，陈慧霖，张阳. 事务所规模·品牌·价格与审计质量——国际“四大”中国审计市场收费与质量研究 [J]. 审计研究，2004 (3)：59-65.

[36] 青木昌彦. 比较制度分析 [M]. 周黎安，译. 上海：上海远东出版社，2001.

[37] 仇健. 基于人力资源会计视角的企业家薪酬激励信息披露问题研究 [D]. 厦门大学博士论文，2005.

[38] 谌新民，刘善敏. 上市公司报酬结构性差异的实证研究 [J]. 经济研究，2003 (8)：55-63.

[39] 宋春香. 上市公司高管报酬影响因素实证研究 [J]. 上海经济研究, 2006 (8): 91-96.

[40] 宋衍蘅, 殷德全. 会计师事务所变更、审计收费与审计质量——来自变更会计师事务所的上市公司的证据 [J]. 审计研究, 2005 (2): 72-77.

[41] 宋增基, 张宗益. 上市公司经营者报酬与公司绩效的实证研究 [J]. 重庆大学学报, 2002, 25 (11): 90-93.

[42] 孙铮, 曹宇. 股权结构与审计需求 [J]. 审计研究, 2004 (3): 7-14.

[43] 唐清泉, 朱瑞华, 甄丽明. 我国高管人员报酬激励制度的有效性 [J]. 当代经济管理, 2008, 30 (2): 59-65.

[44] 唐跃军. 审计收费、审计委员会与意见购买——来自2004—2005 年中国上市公司的证据 [J]. 金融研究, 2007 (4): 114-128.

[45] 王华, 段春明. 经验研究中审计质量测度方法的比较与启示 [J]. 审计与经济研究, 2009 (1): 15-20.

[46] 王克敏, 王志超. 高管控制权、报酬与盈余管理——基于中国上市公司的实证研究 [J]. 管理世界, 2007 (7): 111-119.

[47] 王亚平, 吴联生, 白云霞. 中国上市公司盈余管理的频率与幅度 [J]. 经济研究, 2005 (12): 102-112.

[48] 王艳艳, 陈汉文, 于李胜. 代理冲突与高质量审计需求——来自中国上市公司的经验数据 [J]. 经济科学, 2006 (2): 72-82.

[49] 魏刚. 高级管理层激励与上市公司经营绩效 [J]. 经济研究, 2000 (3): 31-39.

[50] 吴联生. 利益协调与审计制度安排 [J]. 审计研究, 2003 (2): 16-21.

[51] 吴联生. 审计意见购买：行为特征与监管策略 [J]. 经济研究，2005 (7)：66-75.

[52] 吴联生，谭力. 审计师变更决策与审计意见改善 [J]. 审计研究，2005 (2)：34-40.

[53] 武立东. 公司治理对高管报酬的调节效应分析——基于民营上市公司大股东控制、董事会监督的视角 [J]. 山西财经大学学报，2007 (7)：74-79.

[54] 武立东，王建. 民营上市公司高管人员报酬的决定因素研究 [J]. 管理科学，2008 (6)：16-23.

[55] 吴水澎，李奇凤. 国际四大、国内十大与国内非十大的审计质量——来自 2003 年中国上市公司的经验证据 [J]. 当代财经，2006 (2)：114-118.

[56] 伍利娜. 盈余管理对审计费用影响分析——来自中国上市公司首次审计费用的证据 [J]. 会计研究，2003 (12)：39-44.

[57] 夏立军，杨海斌. 注册会计师对上市公司盈余管理的反应 [J]. 审计研究，2002 (3)：28-34.

[58] 肖作平. 公司治理影响审计质量吗？——来自中国资本市场的证据 [J]. 管理世界，2006 (7)：22-33.

[59] 徐向艺，等. 高级管理人员报酬激励与公司治理绩效研究——一项基于沪、深 A 股上市公司的实证分析 [J]. 中国工业经济，2007 (2).

[60] 薛祖云，陈靖，陈汉文. 审计需求：传统解释与保险假设 [J]. 审计研究，2004 (3)：20-25.

[61] 杨贺，柯大纲，马春爱. 经理人控制对高级管理人员报酬制定影响的实证研究 [J]. 管理科学，2005 (6)：28-32.

[62] 杨瑞龙，刘江. 经理报酬、企业绩效与股权结构的实证研究 [J]. 江苏行政学院学报，2002 (1)：46-54.

[63] 余玉苗. 中国上市公司审计市场结构的初步分析 [J].

经济评论，2001（3）.

［64］余宇莹，刘启亮．公司治理系统有助于提高审计质量吗?［J］．审计研究，2007（5）：77-83.

［65］岳衡．大股东资金占用与审计师的监督［J］．中国会计评论，2006，4（1）：59-68.

［66］曾颖，叶康涛．股权结构、代理成本与外部审计需求［J］．会计研究，2005（10）：63-70.

［67］张俊瑞，赵进文，张建．高级管理层激励与上市公司经营绩效相关性的实证分析［J］．会计研究，2003（9）：29-34.

［68］张奇峰．政府管制、公司控制权安排与独立审计需求——来自审计师选择与审计费用的经验证据［M］．上海：立信会计出版社，2007.

［69］张立民，管劲松．我国A股审计市场的结构研究——来自2002上市公司年度报告的数据［J］．审计研究，2004（5）：31-36.

［70］章立军．上市公司盈余管理与审计质量相关性分析［J］．财贸经济，2005（4）：33-39.

［71］章永奎，刘峰．盈余管理与审计意见相关性实证研究［J］．中国会计与财务研究，2002，4（1）.

［72］张维迎．企业的企业家——契约理论［M］．上海：上海三联书店，上海人民出版社，1995.

［73］张小宁．经营者报酬、员工持股与上市公司绩效分析［J］．世界经济，2002（10）：1-8.

［74］周云帆，朱羿锟．经营者薪酬的程序控制论［J］．当代财经，2005，243（2）：77-81.

［75］周中胜，陈汉文．大股东资金占用与外部审计监督［J］．审计研究，2006（3）：73-83.

［76］朱小平，郭志英．不更换会计师事务所条件下审计费用

增加的信息含量研究［J］. 审计研究，2006（2）：64-68.

［77］朱星文，蔡吉甫，谢盛纹. 公司治理、盈余质量与经理报酬研究——来自中国上市公司数据的检验［J］. 南开管理评论，2008，11（2）：61-68.

［78］邹海峰，陈晓. 实际控制人、股权激励与上市公司操纵行为［C］. 中国会计学刊创刊会议论文集，2007.

［79］AGGARWAL R K，SAMWICK A A. The other side of the trade-off：the impact of risk on executive compensation［J］. The Journal of Political Economy，1999，107（1）：65-105.

［80］AGHION P，TIROLE J. Formal and real authority in organizations［J］. Journal of Political Economy，1997，105（1）：1-29.

［81］AGRAWAL A，WALKING R A. Executive careers and compensation surrounding takeover bids［J］. The Journal of Finance，1994，49（3）：985-1014.

［82］ANTLE R. The auditor as an economic agent［J］. Journal of Accounting Research，1982，2（2）：503-527.

［83］ASHBAUGH H，WARFIELD T. Audits as a corporate governance mechanism：Evidence from the German market［J］. Journal of International Accounting Research，2003（2）：1-21.

［84］BALSAM S. Discretionary accounting choices and CEO compensation［J］. Contemporary Accounting Research，1998，15（3）：229-252.

［85］BARTOV E，GUL F A，TSUI J S L. Discretionary-accruals models and audit qualifications［J］. Journal of Accounting and Economics，2001（30）：421-452.

［86］BEASLEY M S. An empirical analysis of the relation between the board of director composition and financial statement fraud［J］. The

Accounting Review, October 1996: 443-46.

[87] BEBCHUK L A, FRIED J M. Executive compensation as an agency problem [J] . The Journal of Economic Perspectives, 2003, 17 (3): 71-92.

[88] BEBCHUK L A, FRIED J M, WALKER D I. Managerial power and rent extraction in the design of executive compensation [J] . University of Chicago Law Review, 2002, 69 (3): 751-846.

[89] BECKER C, DEFOND M, JIAMBALVO J, SUBRAMANYAM K R. The effect of audit on earings management [J] . Contemporary Accounting Research, 1998, 15 (1): 1-24.

[90] BEDARD J, JOHNSTONE K M. Earnings manipulation risk, corporate governance risk, and Auditors' planning and pricing decisions [J] . The Accounting Review, 2004, 79 (2): 277-304.

[91] BERGSTRESSER D, PHILIPPON T. CEO incentive and earning management [J] . Journal of Financial Economics, 2006 (80): 511-529.

[92] BERTRAND M, MULLAINATHAN S. Are CEOs rewarded for luck? The ones without principals are [J] . The Quarterly Journal of Economics, 2001 (8): 901-932.

[93] CARECLLO J V, NEAL T L. Audit committee composition and auditor reporting [J] . The Accounting Review, Oct 2000: 453-467.

[94] CHEN C J P, CHEN S, SU X. Profitability regulation, earnings management and modified audit opinions: Evidence from China [J] . Audit: A Journal of Practice & Theory. 2001, 120 (2): 202-219.

[95] CHEN K C W, CHURCH. B K. Going concern opinions and the market's reaction to bankruptcy filings [J] . The Accounting

Review, January 1996: 117–129.

[96] CHEUNG Y L, STOURAITIS A, ANTIA W, et al. Ownership concentration and executive compensation in closely held firms: Evidenc from Hong Kong [J]. Journal of Empirical Finance, 2005 (12): 511–532.

[97] CHOW C W. The demand for external auditing: Size, debt and ownership influences [J]. The Accounting Review, April 1982: 272–291.

[98] CHOW C W, RICE S J. Qualified audit opinions and auditor switching [J]. The Accounting Review, April 1982 (57): 326–335.

[99] COHEN J R, HANNO D M. Auditor's consideration of corporate governance and management control philosophy in preplanning and planning judgments [J]. Auditing: A Journal of Practice & Theory, 2000, 19 (2): 133–146.

[100] CRASWELL A T. The association between qualified opinions and auditor switches [J]. Accounting and Business Research, 1988, 19 (73): 23–31.

[101] CRASWELL A T, FRANCIS J R, TAYLOR S L. Auditor brand name reputation and industry specializations [J]. Journal of Accounting and Economics. 1995 (20): 297–322.

[102] CYERT R M, KANG S H, KUMAR P. Corporate governance, takeovers, and top-management compensation: theory and evidence [J]. Management Science, 2002, 48 (4): 453–469.

[103] DEANGELO L. Auditor size and audit quality [J]. Journal of Accounting and Economics, December 1981: 183–199.

[104] DECHOW P M, SLOAN R G, SWEENEY A P. Causes and consequences of earnings manipulation: An analysis of firms subject to enforcement actions by the SEC [J]. Contemporary Accounting

Research, Spring 1996: 1–36.

[105] DEFOND M L. The association between changes in client firm agency costs and auditor switching [J]. Auditing: A Journal of Practice & Theory, 1992, 11 (1): 16–31.

[106] DEFOND M, PARK C W. Smoothing income in anticipation of future earnings [J]. Journal of Accounting and Economics, 1997, 23 (2): 115–139.

[107] DODD P, DOPUCH N, HOLTHAUSEN R, et al. Qualified audit opinions and stock prices: information content, announcement dates, and concurrent disclosures [J]. Journal of Accounting & Economics, April 1984: 3–38.

[108] DOPUCH N, SIMUNIC D. The competition in auditing: An assessment [C]. Fourth Symposium on Auditing Reasearch, Urbana: University of Illinois, 1982: 401–450.

[109] DOPUCH N, HOLTHAUSEN R W, LEFTWICH. R W. Abnormal stock returns associated with media disclosures of 'subject to' qualified audit opinions [J]. Journal of Accounting & Economics, June 1986: 93–117.

[110] DYL E A. Corporate control and management compensation: Evidence on the agency problem [J]. Managerial and Decision Economics, 1988 (19): 21–25.

[111] ELDER R, ZHOU J. Audit firm size, industry specialization and earning management by initial public offering firms [R]. Working Paper, Syracuse University and Sate University of New York, 2002.

[112] ELLIOTT J A. "Subject to" audit opinions and abnormal security returns: Outcomes and ambiguities [J]. Journal of Accounting Research, Autumn 1982, part II: 617–638.

[113] ELSTON J A, GOLDBERG L G. Executive compensation

and agency costs in Germany [J] . Journal of Banking & Finance, 2003 (27): 1391–1410.

[114] FAMA E F. Agency problems and the theory of the firm [J] . Journal of Political Economy, 1980, 88 (2): 288–307.

[115] FAN P H, WONG T J. Do external auditors perform a corporate governance role in emerging markets? Evidence from East Asia [J] . Journal of Accounting Research, 2005, 43 (1): 35–72.

[116] FERGUSON A, FRANCIS J, STOKES D. The effects of firm-wide and office-level industry expertise on audit pricing [J] . The Accounting Review, April 2003: 429–448.

[117] FIRTH M. Qualified audit reports: Their impact on investment decisions [J] . The Accounting Review, 1978, 53: 642–650.

[118] FIRTH M. An analysis of audit fees and their determinants in New Zealand [J] . Auditing: A Journal of Practice & Theory, 1985, 4 (2): 23–37.

[119] FIRTH M. The provision of nonaudit services by accounting firms to their audit clients [J] . Contemporary Accounting Research, Summer 1997: 1–21.

[120] FRANCIS J, KHURANA I, PEREIRA R. The role of accounting and auditing in corporate governance and the development of financial markets around the word [J] . Asia-Pacific Journal of Accounting & Economics, 2003 (10): 1–30.

[121] FRANCIS J, KRISHNAN J. Accounting accrual and auditor reporting conservation [J] . Contemporary Accounting Research , 1999, 16 (1): 135–165.

[122] FRANCIS J R. What do we know about audit quality? [J] . The British Accounting Review, 2004 (36): 345–368.

[123] FRANCIS J R, MAYDEW E L, SPARKS H C. The role of big 6 auditors in the credible reporting of accruals [J] . Auditing: A Journal of Practice & Theory, 1999, 18 (2): 17-34.

[124] FRANCIS J R, WILSON E R. Auditor changes: A joint test of theories relating to agency costs and auditor differentiation [J] . The Accounting Review, October 1988: 663-682.

[125] FRANCIS R, REICHELT K, WANG D. The pricing of national and city-specific reputations for industry expertise in the US audit market [J] . The Accounting Review, January 2005: 113-136.

[126] FRANKKEL R, JOHNSON M, NELSON K. The relation between auditor's fees for nonaudit service and earning management [J] . The Accounting Review, 2002 (77): 71-105.

[127] FROST C A. Uncertainty-modified audit reports and future earning [J] . Auditing: A Journal of Practice & Theory. Spring 1994.

[128] FROZ E, PARK K, PASTENA V. The financial and market effects of the SEC's accounting auditing enforcement releases [J] . Journal of Accounting Research, Supplement 1991: 107-142.

[129] GAVER J J, GAVER K M, AUSIN J R. Addition evidence on bonus plans and income management [J] . Journal of Accounting and Economics, 1995 (19): 3-28.

[130] GOLDBERG L G, IDSON T L. Executive compensation and agency [J] . The Financial Review, 1995, 30 (2): 313-335.

[131] GRIFFIN P A, LONT D H, SUN Y. Corporate governance and audit fees: Evidence of countervailing relations [R] . Working Paper, University of California, 2008.

[132] GUL F A, CHEN C J P, TSUI J S L. Discretionary accounting accruals, managers' incentives, and audit fees [J] . Contemporary Accounting Research , 2003, 20 (3): 441-464.

[133] GUL F A, LYNN S G, TSUI, J S L. Audit quality, management ownership, and the informativeness of accounting earnings [J] . Journal of Accounting, Auditing & Finance, 2002, 17 (1): 25–49.

[134] GUL F A, TSUI, J S L. Free cash flow, debt monitoring, and audit pricing: Further evidence on the role of director equity ownership [J] . Auditing: A Journal of Practice & Theory, 2001, 20 (2) : 72–84.

[135] HAMMERSLEY J S. Pattern identification and industry-specialist auditors [J] . The Accounting Review, March 2006: 309–336.

[136] HARVEY K D, SHRIEVES R E. Executive compensation structure and corporate governance choices [J] . Journal of Financial Research, 2001, 24 (4): 495 –512.

[137] HEALY P. The impact of bonus schemes on the selection of accounting principles [J] . Journal of Accounting and Economics, April 1985: 85–107.

[138] HERMALIN B E, WEISBACH M S. Endogenously chosen boards of directors and their monitoring of the CEO [J] . The American Economic Review, 1998, 88 (1): 96–118.

[139] HIRST D E. Auditor's sensitivity to source reliability [J] . Journal of Accounting Research, Spring 1994: 113–126.

[140] HIMMELBERG C, HUBBARD R G. Incentive pay and the market for CEOs: An analysis of pay-for-performance sensitivity [R] . Working Paper, Columbia University, 2000.

[141] HOLMSTROM B. Moral hazard and observability [J] . Bell Journal of Economics, Spring 1979, 10 (1): 74–91.

[142] HOLTHAUSEN R W, LARCKER D F, SLOAN R

G. Annual bonus schemes and manipulation of earning [J] . Journal of Accounting and Economics, 1995 (19): 29-74.

[143] HU A, KUMAR P. Managerial entrenchment and payout policy [J] . Journal of Financial and Quantitative Analysis, 2004, 39 (4): 759-790.

[144] IRELAND J, LENNOX C. The large audit firm fee premium: a case of selectivity bias? [J] . Journal of Accounting, Auditing and Finance, Winter 2002: 73-91.

[145] JENSEN M C. Agency costs of free cash flow, corporate finance and takeovers [J] . American Economics Reviews, 1986, 76: 323-329.

[146] JENSEN M C, MECKLING W H. Theory of the firm: managerial behavior, agency cost and ownership structure [J] . Journal of Financial Economics, 1976, 3: 305-360.

[147] JENSEN M C, MURPHY K J, WRUCK E G. Remuneration: Where we've been, how we got to here, What are the problems, and how to fix them [R] . Working Paper, 2004.

[148] JENSEN M C, MURPHY K J. Performance pay and top-management incentives [J] . Journal of Political Economy, 1990, 98 (2): 225-264.

[149] JOHN T A, JOHN K. Top-management compensation and capital structure [J] . The Journal of Finance, 1993, 48 (3): 949-974.

[150] KAMIN, J Y, RONEN J. The smoothing of income numbers: Some empirical evidence on systematic differences among management-controlled and owner-controlled firms [J] . Accounting, Organizations and Society, 1978, 3 (2): 141-157.

[151] KENY C, ZHOU J. Audit committee, board characteristic,

and auditor switch decision by andersen's client [J]. Contemporary Accounting Research, 2007, 24 (4): 1085–1117.

[152] KRISHNAN J. Auditor switching and conservatism [J]. The Accounting Review, 1994, 69 (1): 200–215.

[153] KRISHNAN J, STEPHENS R G. Evidence on opinion shopping from audit opinion conservatism [J]. Journal of Accounting and Public Policy, 1995 (14): 179–201.

[154] LENNOX C. Are large auditors more accurate than small auditors? [J]. Accounting and Business Research, Summer 1999: 217–227.

[155] LENNOX C. Do companies successfully engage in opinion-shopping? Evidence from UK [J]. Journal of Accounting and Economics, 2000 (29): 321–337.

[156] LENNOX C. Managerial ownership and audit firm size [J]. Contemporary Accounting Research, 2005, 22 (1): 205–227.

[157] LEVINE C B, HUGHES J S. Mangament compensation and earning-based covenants as signaling device in credit market [J]. Journal of Corporate Finance, 2005 (11): 832–850.

[158] LEWLLEN W G, HUNTSMAN B. Managerial pay and corporate performance [J]. American Economic Review, 1970, 60 (4): 710–720.

[159] LOUWERS T J. The relation between going-concern opinions and the auditor's loss function [J]. Journal of Accounting Research, Spring 1998: 143–156.

[160] MEHRAN H. Executive compensation structure, ownership, and firm performance [J]. Journal of Financial Economics, 1995 (38): 163–184.

[161] MEHRAN H, NOGLER G E, SCHWARTZ K B. CEO

incentive plans and corporate liquidation polocy [J] . Journal of Financial Economics, 1998 (50): 319-349.

[162] MOCK R, SHLEIFER A, VISHNY R W. Director ownership and market valuation: An empirical analysis [J] . Journal of Financial Economics, 1988 (20): 293-316.

[163] MURPHY K J. Corporate performance and managerial remuneration: An empirical analysis [J] . Journal of Accounting and Economics, 1985, 7 (1-3): 11-42.

[164] MURPHY K J. Executive compensation [R] . Working Paper, 1998.

[165] NELSON M, ELLIOTT J, TARPLEY R. Evidence from auditors about managers' and auditors' earning management decisions [J] . The Accounting Review, Supplement 2002: 175-202.

[166] O'SULLIVAN N. The impact of board composition and ownership on audit quality: Evidence from large UK companies [J] . British Accounting Review, 2002 (32): 397-414.

[167] PALMROSE Z. Audit fees and auditor size: Further evidence [J] . Journal of Accounting Research, 1986 (24): 97-110.

[168] PALMROSE Z. An analysis of auditor litigation and audit service quality [J] . The Accounting Review, January 1988: 55-73.

[169] PIOT C. Agency costs and audit quality: Evidence from France [J] . The European Accounting Review, 2001, 10 (3): 461-499.

[170] PIOT C, MISSON-PIERA F. Corporate governance, audit quality and the cost of debt financing of french listed companies [R] . SSRN Working Paper, 2007.

[171] SHLEIFER A, VISHNY R. Management entrenchment: The case of manager-specific investments [J] . Journal of Financial

Economic, 1989, 25 (1): 123–140.

[172] SHLEIFER A, VISHNY R. A survey of corporate governance [J]. The Journal of Finance, 1997, 52 (2): 737–783.

[173] SHOCKLEY A, HOLT R N. A behavioral investigation of supplier differentiation in the market for audit services [J]. Journal of Accounting Research, Autumn 1983: 545–564.

[174] SIMUNIC D A. The pricing of audit services: Theory and evidence [J]. Journal of Accounting Research, Spring 1980: 161–190.

[175] SMITH D. Auditor "subject to" opinions, disclaimer and auditor changes [J]. Auditing: A Journal of Practice & Theory, 1986 (6): 95–108.

[176] SMITH C W, WATTS R L. The investment opportunity set and corporate financing, dividend, and compensation policies [J]. Journal of Financial Economics, 1992, 32 (3): 263–292.

[177] SOLOMON I, SHIELDS M, WHITTINGTON O R. What do industry-specialist auditors know? [J]. Journal of Accounting Research, Spring 1999: 191–208.

[178] SUBRAMANYAM K R. The pricing of DAs [J]. Journal of Accounting and Economics, 1996 (22): 249–81.

[179] TEOH S H, WONG T J. Perceived auditor qaulity and the earning response coefficient [J]. The Accounting Review. 1993, 68 (2): 346–366.

[180] TITMAN S, TRUEMAN B. Information quality and the valuation of new issues [J]. Journal of Accounting and Economics, 1986 (8): 156–72

[181] WARFIELD T D, WILD J J, WILD K L. Managerial ownership, accounting choices, and informativeness of earnings [J].

Journal of Accounting and Economics , 1995 (20): 61-91.

[182] WATTS R L, ZIMMERMAN J L. Agency problems, auditing and the theory of the firm: some evidence [J] . Journal of Law and Economics, 1983 (26): 613-634.

[183] WEBER J, WILLENBORG M. Do expert informational intermediaries add value? Evidence from auditors in Microcap IPOs [J] . Journal of Accounting Research, September 2003: 225-239.

[184] WILLENBORG M. Empirical analysis of the economic demand for auditing in the initial public offerings market [J] . Journal of Accounting Research, Spring 1999: 225-239.

[185] WILLIAMSON O E. Corporate finance and corporate governance [J] . The Journal of Finance, 1988, 43 (3): 567-591.

索引

后记

本书是在我的博士论文的基础上修改而成的。不知不觉间，自2000年起我已跨入会计大门近14年，之前我一直在工厂从事技术性的工作。我大学本科毕业于华东理工大学化学工程系，硕士、博士阶段都是在暨南大学管理学院会计系度过的。

一个会计门外汉能够成为一名会计学博士，我首先要深深感谢我的恩师王华教授。被先生收于门下，是我一生最幸运事之一。10年前，我在暨南大学就读硕士期间，有幸倾听先生的财务会计课程，先生渊博的学识、对会计学前沿的讲解、对现实经济问题敏锐的洞察力深深印在我的脑海中。报考博士时，先生不嫌弃我的理工科背景和薄弱的会计理论功底，收我为博士生。先生为人正直，治学严谨，思维敏捷，爱徒如子，对学生从不怒言训斥，总是循循善诱，耐心指导，让我真正理解了“做学问，先为人”的道理。虽然先生工作繁忙，但是对我的学习和生活总是关怀备至，从选题、构筑论文框架、充实完善论文内容到最后定稿，先生都不厌其烦地给予指导、字斟句酌地批改并提出详尽的修改意见。师母余丽琳女士乃贤妻良母典范，辅佐先生，慈待学生，谢意难表。

感谢我的硕士导师张杰明教授在我攻读硕士期间给予我宝贵的教诲和帮助，即使工作繁忙，在我攻读博士期间仍继续给我鼓励！感谢宋献中教授、胡玉明教授、石本仁教授、刘国常教授、熊剑教授、谭跃教授、罗绍德教授等对我的教诲，使我的专业知识得以拓展和深入，研究方法得以掌握和善用。感谢石本仁教授、刘国常教授、白华教授、黄文锋教授、肖继辉博士等在我的博士论文开题和预答辩时提出宝贵意见和建议。特别要感谢刘国常教授在我的论文写作过程中不厌其烦地与我交流、讨论。感谢厦门大学陈少华教授、中山大学张立民教授，我有幸在参加师兄、师姐的论文答辩会时向他们请教。感谢姜红教授在课题研究中给予我指导和帮助。

感谢我的同门兄弟姐妹张程睿、黄之骏、曾伟、谭湘、梁志强、张艳、徐军辉、许海东、庄学敏、蒋基路、谢羽婷、徐全华、吴昊明、刘晓华、曹细钟，以及同窗叶志峰、郭慧、陈莲英、纳超洪、魏立江、李诗田、刘楷、路云峰等博士，他们给予我无私的帮助和真挚的友谊，一起分享博士学习中的艰辛与快乐。

感激我的岳父母对我的关爱，在我攻读硕士和博士期间对我的家庭的照顾和经济上的援助，让我再次体会到家的温暖与亲情的魅力。感谢我的兄嫂多年来对我的学业给予支持和鼓励！感谢我的妻子，她曾二度送我去暨南大学深造，家里家外的事务全落在她柔弱的肩上，没有她的鼓励和支持，我不可能完成我的博士学业，她为我付出的太多，而我却给的太少，面对她时，心中的愧疚，岂是一个“谢”字所能表达！

感谢我的父亲！我博士论文完成之时父亲已年逾古稀，而今已远在天堂！父亲一辈子从事教育工作，他的开明和乐观精神闻名乡里，常常鼓励我上进、攻读学位，对我寄予厚望。

此外，我还要感谢九江学院会计学院的领导和东北财经大学出版社的领导和编辑，有了他们的帮助和支持，本书才得以顺利出版。

段春明

2013 年 10 月